Sophie Heugenhauser

# Die Rolle der Kanzlerfähigkeit der Politiker Markus Söder und Armin Laschet in der deutschen Presseberichterstattung über die COVID-19-Pandemie

# POLITISCHE KOMMUNIKATION

herausgegeben von Prof. Dr. Frank Brettschneider

ISSN 2195-1500

1 *Markus S. Müller*
 Die Stimmen der Anderen – Presseschauen als Wegbereiter einer europäischen Öffentlichkeit?
 Brücken in ausländische Medienarenen als Mittel zur Reduzierung des europäischen Demokratiedefizits
 ISBN 978-3-8382-0420-8

2 *Justina Bülow*
 Pflege(notstand) in Deutschland
 Eine Inhaltsanalyse von Medien-Frames
 ISBN 978-3-8382-1710-9

3 *Sophie Katharina Schindler*
 Social Media und Journalismus
 Eine qualitative Befragung von Journalistinnen und Journalisten zur Bedeutung von Social Media für Recherche und Berichterstattung
 ISBN 978-3-8382-1816-8

4 *Sophie Heugenhauser*
 Die Rolle der Kanzlerfähigkeit der Politiker Markus Söder und Armin Laschet in der deutschen Presseberichterstattung über die COVID-19-Pandemie
 ISBN 978-3-8382-1658-4

5 *Moritz Stumvoll*
 „Wer folgt auf Merkel?"
 Das Ende einer Ära. Eine Inhaltsanalyse der deutschen Presseberichterstattung über die Kanzlerkandidaten während des Bundestagswahlkampfs 2021
 ISBN 978-3-8382-1858-8

Sophie Heugenhauser

# DIE ROLLE DER KANZLERFÄHIGKEIT DER POLITIKER MARKUS SÖDER UND ARMIN LASCHET IN DER DEUTSCHEN PRESSEBERICHTERSTATTUNG ÜBER DIE COVID-19-PANDEMIE

**Bibliografische Information der Deutschen Nationalbibliothek**
Die Deutsche Nationalbibliothek verzeichnet diese Publikation in der Deutschen Nationalbibliografie; detaillierte bibliografische Daten sind im Internet über http://dnb.d-nb.de abrufbar.

**Bibliographic information published by the Deutsche Nationalbibliothek**
The Deutsche Nationalbibliothek lists this publication in the Deutsche Nationalbibliografie; detailed bibliographic data are available on the Internet at http://dnb.d-nb.de.

Covergrafik: © Tony Hegewald / PIXELIO

ISBN (Print): 978-3-8382-1658-4
ISBN (E-Book [PDF]): 978-3-8382-7658-8
© *ibidem*-Verlag, Hannover • Stuttgart 2024
Alle Rechte vorbehalten

Das Werk einschließlich aller seiner Teile ist urheberrechtlich geschützt. Jede Verwertung außerhalb der engen Grenzen des Urheberrechtsgesetzes ist ohne Zustimmung des Verlages unzulässig und strafbar. Dies gilt insbesondere für Vervielfältigungen, Übersetzungen, Mikroverfilmungen und elektronische Speicherformen sowie die Einspeicherung und Verarbeitung in elektronischen Systemen.

All rights reserved. No part of this publication may be reproduced, stored in or introduced into a retrieval system, or transmitted, in any form, or by any means (electronic, mechanical, photocopying, recording or otherwise) without the prior written permission of the publisher. Any person who commits any unauthorized act in relation to this publication may be liable to criminal prosecution and civil claims for damages.

Printed in the EU

*Aus Gründen der besseren Lesbarkeit wird in dieser Arbeit die Sprachform des generischen Maskulinums angewandt. Es wird an dieser Stelle darauf hingewiesen, dass die ausschließliche Verwendung der männlichen Form geschlechtsunabhängig verstanden werden soll. Weibliche und anderweitige Geschlechteridentitäten werden dabei ausdrücklich mitgemeint, soweit es für die Aussage erforderlich ist.*

*Es wird darauf hingewiesen, dass die vorliegende Studie während des zweiten Lockdowns im Zeitraum zwischen Oktober 2020 und März 2021 verfasst wurde.*

# Inhaltsverzeichnis

Abbildungsverzeichnis .................................................................. V

Tabellenverzeichnis ................................................................... VII

1 Einleitung ............................................................................. 1

2 Die Darstellung von Spitzenpolitikern in den Medien ........ 9
   2.1 Die Amerikanisierung der Medienberichterstattung ..... 10
   2.2 Kandidatenorientierungen aus der sozial-
       psychologischen Perspektive ........................................... 13
   2.3 Die Entstehung und Wahrnehmung von
       Kandidatenimages ............................................................. 19
   2.4 Verschiedene Ansätze zur Zusammensetzung von
       Kandidatenimages ............................................................. 22
   2.5 Vier Dimensionen zur Bewertung von
       Spitzenkandidaten ............................................................. 29
       2.5.1 Themenkompetenz ................................................. 31
       2.5.2 Leadership-Qualitäten ........................................... 32
       2.5.3 Integrität .................................................................. 32
       2.5.4 Unpolitische Merkmale/Persönliches ................. 33
   2.6 Kanzlerfähigkeit ................................................................. 36

3 Die COVID-19-Pandemie in Deutschland: Ein Überblick . 39
   3.1 Allgemeine Informationen zu COVID-19 ..................... 39
   3.2 Das Krisenmanagement von Markus Söder und Armin
       Laschet in der Medienberichterstattung ........................ 41

4 Fazit der Theorie und Forschungsfragen ............................ 45

5 Methodisches Vorgehen .......................................................... 51
   5.1 Untersuchungsanlage und Erhebung ............................ 51
   5.2 Kategorienbildung und Codebuch .................................. 54
   5.3 Reliabilität und Pretest ..................................................... 60

| 6 | Präsentation der Ergebnisse | 63 |
|---|---|---|
| | 6.1 Beschreibung der Stichprobe | 63 |
| | 6.2 Die Rolle der Kanzlerfähigkeit in der Berichterstattung | 69 |
| | 6.3 Einflüsse auf die Kanzlerfähigkeit | 77 |
| | 6.4 Explorative Datenanalyse | 91 |

| 7 | Diskussion der Ergebnisse | 93 |
|---|---|---|

| 8 | Fazit | 109 |
|---|---|---|
| | 8.1 Zusammenfassung der Befunde | 109 |
| | 8.2 Kritische Würdigung und Ausblick | 112 |

Literaturverzeichnis ... 115

Anhang 1 ... CXXVII
   1  Allgemeines ... CXXVIII
      1.1 Thema und Forschungsinteresse ... CXXVIII
      1.2 Forschungsfragen ... CXXX
      1.3 Definition relevanter Begriffe ... CXXXI
      1.4 Untersuchungszeitraum und Stichprobe ... CXXXIV
      1.5 Definition der Analyseeinheit ... CXXXV
   2  Regeln und Hinweise zur Durchführung der Codierung ... CXXXVI
   3  Darstellung des Ablaufschemas der Codierung .. CXXXVII
   4  Kategoriensystem ... CXXXVIII
      4.1 Formale Kategorien ... CXXXVIII
      4.2 Allgemeine inhaltliche Kategorien ... CXLII
      4.3 Spezifischere inhaltliche Kategorien ... CXLIX
   Literaturverzeichnis ... CLXXIX

Anhang 2: SPSS Datensatz [digital] ... CLXXX

Anhang 3: Excel-Codebogen Hauptstudie [digital] ... CLXXX

Anhang 4: Excel-Codebogen Pretest [digital] ... CLXXX

# Abbildungsverzeichnis

| | | |
|---|---|---|
| Abbildung 1: | Verortung der Arbeit anhand der Lasswell-Formel: eigene Darstellung in Anlehnung an Lasswell (1948) | 7 |
| Abbildung 2: | Überblick über die theoretischen Bausteine: eigene Darstellung | 48 |
| Abbildung 3: | Verteilung der Beiträge nach Kalenderwochen: eigene Darstellung | 64 |
| Abbildung 4: | Verteilung der Beiträge nach Akteuren: eigene Darstellung | 65 |
| Abbildung 5: | Vorwiegender Tenor der Darstellung von Markus Söder und Armin Laschet im Vergleich: eigene Darstellung | 68 |
| Abbildung 6: | Vorhandene Dimensionen zur Bewertung von Spitzenpolitikern: eigene Darstellung | 71 |
| Abbildung 7: | Veränderungen der Gewichtung der Dimensionen im Zeitverlauf – Markus Söder: eigene Darstellung | 72 |
| Abbildung 8: | Veränderungen der Gewichtung der Dimensionen im Zeitverlauf – Armin Laschet: eigene Darstellung | 73 |
| Abbildung 9: | Die Entwicklung der Kanzlerfähigkeit im Zeitverlauf: eigene Darstellung | 77 |
| Abbildung 10: | Bewertung der Leadership-Qualitäten von Markus Söder im Zeitverlauf: eigene Darstellung | 81 |
| Abbildung 11: | Bewertung der Leadership-Qualitäten von Armin Laschet im Zeitverlauf: eigene Darstellung | 82 |
| Abbildung 12: | Bewertung der Themenkompetenz von Armin Laschet im Zeitverlauf: eigene Darstellung | 84 |

| | | |
|---|---|---|
| Abbildung 13: | Bewertung der Leadership-Qualitäten und der Kanzlerfähigkeit von Markus Söder im Vergleich in Prozent: eigene Darstellung | 85 |
| Abbildung 14: | Bewertung der Themenkompetenz, der Leadership-Qualitäten und der Kanzlerfähigkeit von Armin Laschet im Vergleich in Prozent: eigene Darstellung | 86 |
| Abbildung 15: | Bewertung der Kanzlerfähigkeit von Markus Söder und Armin Laschet im Vergleich: eigene Darstellung | 89 |
| Abbildung 16: | Wer wird als derjenige mit der größeren Kanzlerfähigkeit dargestellt und bewertet?: eigene Darstellung | 90 |

# Tabellenverzeichnis

Tabelle 1: Darstellung der positiven und negativen Signalwörter in Abhängigkeit zu den vier Dimensionen: eigene Darstellung in Anlehnung an Brettschneider, 2002, S. 198; Aaldering & Vliegenthart, 2018, S. 1879; Vetter & Brettschneider, 1998, S. 99 ................................................. 35

Tabelle 2: Kennwerte der Kontingenzanalyse zum Zusammenhang zwischen den Bewertungsdimensionen und der Bewertung der Kanzlerfähigkeit ................................................. 79

# 1 Einleitung

„Die Krise begann mit Ignoranz, dem Nicht-Wahrhaben-Wollen der drohenden Veränderung; gefolgt von Angst und Panik. Später kamen Ärger, Zorn über die Einschränkungen und der Versuch auf, die verlorene Freiheit wieder zu erlangen" (Kirchler, Pitters, & Kastlunger, 2020, S. 4). Die Rede ist hierbei von einer der schwersten globalen Krisen der letzten Jahrzehnte, die von einer Virusinfektion mit dem Namen *COVID-19* ausgelöst wurde und seit Anfang des Jahres 2020 bis heute das Leben der Menschen in Deutschland und auf der ganzen Welt verändert. In den Medien wird die entstandene Krise inklusive ihrer gesellschaftlichen und wirtschaftlichen Folgen meist als *Corona-Krise* bezeichnet (Kühne et al., 2020, S. 1, Hervorheb. d. Verf.).

Der Fokus der Medienberichterstattung in Deutschland liegt seit Beginn der Krise neben den Verantwortlichen der Bundesregierung vor allem auf zwei Politikern aus den Unionsparteien CDU und CSU. Es handelt sich dabei um den (damaligen) nordrhein-westfälischen Ministerpräsidenten Armin Laschet von der CDU und den bayerischen Ministerpräsidenten Markus Söder von der CSU (Kühne et al., 2020, S. 6). Das unterschiedliche Krisenmanagement der beiden Politiker sorgte von Beginn der Pandemie an immer wieder für Schlagzeilen. Diesbezüglich „wurde Markus Söder in Bayern eher die Rolle des Verfechters strikterer Lockdown-Regeln zugeschrieben, Armin Laschet in Nordrhein-Westfalen ... tendenziell als Vorreiter einer frühen Lockerung der Maßnahmen dargestellt" (Kühne et al., 2020, S. 6).

Mit Blick auf die Medienberichterstattung über die COVID-19-Pandemie und das Krisenmanagement vonseiten der Politik wird außerdem ein weiteres Ereignis thematisiert. Es handelt sich dabei um die Wahl des neuen CDU-Parteivorsitzenden durch die Delegierten des Parteitags und die anschließende Ernennung des Kanzlerkandidaten für die Union bei den Bundestagswahlen 2021. Hierbei muss festgehalten werden, dass die Wahl des CDU-Vorsitzenden nicht gleichzeitig dessen Kandidatur zum Kanzler zur

Folge hat. Die Bekanntgabe des Kanzlerkandidaten durch die Vorsitzenden der Unionsparteien ist für Beginn des Jahres 2021 geplant und wird davon abhängig gemacht, welcher Politiker für die Bundestagswahlen die besten Chancen hat (CDU.de, 2020, o. S; von Lucke, 2020, o. S.). Im Januar 2021 wurde mit Armin Laschet zunächst der neue CDU-Vorsitzende bekanntgegeben (Lange, 2021, o. S.).

Im Hinblick auf die Wahl des neuen CDU-Parteivorsitzenden und die „ungelöste und knifflige K-Frage" (Kirchner, 2020, o. S) wurden zum Zeitpunkt der vorliegenden Untersuchung neben Armin Laschet auch die Politiker Norbert Röttgen und Friedrich Merz als Nachfolger von Annegret Kramp-Karrenbauer für den Vorsitz thematisiert. Im Zusammenhang mit seinem, laut Umfragewerten, sehr guten Krisenmanagement in der Corona-Krise wird jedoch auch der bayerische Ministerpräsident und CSU-Vorsitzende Markus Söder mit einer Kanzlerkandidatur in Verbindung gebracht, obwohl dieser selbst zunächst betonte, seinen Platz in Bayern nicht verlassen zu wollen (Kirchner, 2020, o. S.; Lucke, 2020, o. S). Hinsichtlich der unterschiedlichen Herangehensweisen der beiden Politiker im Hinblick auf Maßnahmen zur Eindämmung des Virus wurde diesbezüglich über den „Eindruck eines Wettlaufs möglicher Kanzlerkandidaten" (Fickermann & Edelstein, 2020, S. 14) berichtet. Es wird folglich der Anschein eines Zusammenhangs zwischen dem Krisenmanagement in der Corona-Krise und den daraus resultierenden guten oder schlechten Chancen auf eine Kanzlerkandidatur vermittelt.

Dass Kandidaten immer mehr im Mittelpunkt von politischen Aktivitäten stehen, ist keine Neuheit. Bereits seit den 1950er Jahren ist beispielsweise in US-amerikanischen Zeitungen oder Magazinen die Tendenz erkennbar, dass Kandidaten während eines Präsidentschaftswahlkampfes häufiger genannt werden als die ihnen zugehörigen Parteien (Brettschneider, 2002a, S. 20; Lass, 1995, S. 12). Wenn der Mittelpunkt der Aufmerksamkeit auf der Person eines einzelnen Politikers liegt, wird in Verbindung mit politischer Kommunikation von *Personalisierung* gesprochen (Raupp, 2021, S. 2, Hervorheb. d. Verf.). Die Personalisierung der politischen Kommunikation ist seit einigen Jahrzehnten ein äußerst relevanter und vielfach untersuchter Forschungsgegenstand. Tendenzen der Personalisierung sind in der politischen Kommunikation überall zu finden, zu großen Teilen auch in der Medienberichterstattung (Raupp, 2021, S. 13-15).

Die vielschichtige Personalisierung kann auf unterschiedliche Weise dimensioniert werden, wobei hierbei die Aspekte *Individualisierung* und *Privatisierung* die Grundlage bilden (Raupp, 2021, S. 3, Hervorheb. i. O.; Van Aelst, Sheafer, & Stanyer, 2011, S. 204-205). Die Individualisierung meint die Fokussierung der Politiker durch die Medien und in Kampagnen sowie die Orientierung der Wähler an den einzelnen Kandidaten. Politische Themen und Inhalte sind demnach unwichtiger. Mit Privatisierung ist der zunehmende Fokus der Darstellung der Politiker als Privatpersonen ungeachtet ihrer politischen Rolle gemeint. Diese Tatsache hat die verstärkte Wahrnehmung der privaten Eigenschaften durch die Wähler zur Folge (Raupp, 2021, S. 3; Leidecker-Sandmann & Wilke, 2019, S. 223-224; Van Aelst et al., 2011, S. 204-205).

In diesem Zusammenhang besagt die sogenannte *Personalisierungsthese*, dass in der politischen Kommunikation eine Zunahme der Personalisierung stattfinden würde (Raupp, 2021, S. 1, Hervorheb. d. Verf.). Am häufigsten wurde diese These im Zusammenhang mit Wahlen untersucht, wobei man zwischen der Personalisierung der medialen Berichterstattung zu Wahlen, der Strategie des Wahlkampfs und dem Wahlverhalten unterscheiden kann (Brettschneider, 2002a, S. 14; Brettschneider, 2001, S. 352). Im Kontext von Wahlen und hinsichtlich der beiden Ausprägungen Individualisierung und Privatisierung bestätigen Forschungsergebnisse grundsätzlich das Vorhandensein in allen drei Bereichen: in der Medienberichterstattung über Wahlen, den Strategien der Wahlkämpfe sowie hinsichtlich des Verhaltens der Wähler. Es ließen sich jedoch bis heute keine Nachweise im Hinblick auf die These erbringen, die annimmt, dass politische Themen über längere Zeit hinweg beiseitegeschoben und die einzelnen Politiker zunehmend fokussiert werden. Ebenso wenig konnte ein größer werdender Bedeutungszuwachs der privaten Eigenschaften der Politiker im Laufe der Zeit festgestellt werden (Brettschneider, 2002a, S. 206–209; Raupp, 2021, S. 13).

Zur Untersuchung der Personalisierungsthese in der Medienberichterstattung über Wahlen wurden hauptsächlich Inhaltsanalysen als Methode herangezogen (vgl. z.B. Holtz-Bacha, Langer, & Merkle, 2014; Kriesi, 2012; Leidecker-Sandmann & Wilke, 2019; Magin, 2015; McAllister, 2007). Eine deutliche Forschungslücke in der Literatur bildet die Frage nach den Geschehnissen vor der Ernennung eines Kanzlerkandidaten und der medialen Darstellung der potentiellen Kandidaten in dieser Art von Wahlkampf. Hier setzt das Forschungsinteresse der vorliegenden Arbeit an. Die mediale Fokussierung von Markus Söder und Armin Laschet bezüglich ihres Krisenmanagements während der COVID-19-Pandemie und die damit verbundenen Bezüge zu einer möglichen Kanzlerkandidatur der beiden liefern Grund zur Annahme, dass in der Berichterstattung auch die Frage nach ihrer Kanzlerfähigkeit thematisiert wird. Die COVID-19-Pandemie und die daraus resultierenden Maßnahmen zur Bekämpfung des Virus führen bis heute zu einer Veränderung des gesellschaftlichen Lebens. Der Frage, inwiefern eine Krise wie die COVID-19-Pandemie zu politischen Debatten um mögliche Kanzlerfähigkeiten führen kann, soll einerseits vor dem Hintergrund dieser aktuellen und gesellschaftlich relevanten Situation nachgegangen werden. Zum anderen ist die Beantwortung der Frage aufgrund der vorhandenen Forschungslücke von großer wissenschaftlicher Relevanz.

Ausgehend von der identifizierten Forschungslücke ergibt sich für die vorliegende Arbeit folgende leitende Forschungsfrage:

*Welche Rolle spielt die Kanzlerfähigkeit der Politiker Markus Söder und Armin Laschet in der deutschen Presseberichterstattung über die COVID-19-Pandemie?*

Zur Ausdifferenzierung des übergeordneten Forschungsinteresses wird verschiedenen Aspekten nachgegangen. Es soll im ersten Teil der untergeordneten Forschungsfragen zum einen untersucht werden, welche Dimensionen zur Bewertung von

Spitzenpolitikern in der Berichterstattung zu finden sind. In Bezug auf diese Dimensionen sollen außerdem deren Veränderungen im Untersuchungszeitraum betrachtet werden. Zum anderen soll hinsichtlich des Zeitraums der Frage nachgegangen werden, wann explizit die Diskussion über die Kanzlerfähigkeit aufgetaucht ist. Der zweite Teil der untergeordneten Forschungsfragen befasst sich im Allgemeinen mit jenen Aspekten, an denen die Kanzlerfähigkeit festgemacht wird. Hierbei werden die Tendenzen der Bewertungen anhand von vier in der Literatur gängigen Dimensionen zur Bewertung von Spitzenpolitikern betrachtet und in Zusammenhang mit der Bewertung der Kanzlerfähigkeit gesetzt. Zuletzt werden Gemeinsamkeiten und Unterschiede zwischen Markus Söder und Armin Laschet im Hinblick auf die Bewertung ihrer Kanzlerfähigkeit untersucht.

Zur Beantwortung der Forschungsfragen werden zunächst wichtige theoretische Bausteine dargelegt. Um einen Überblick zur Thematik zu bekommen, wird in **Kapitel 2** zu Beginn kurz auf das Phänomen der „Amerikanisierung" der Medienberichterstattung eingegangen (Kapitel 2.1). Im Anschluss wird ein Einblick in die empirische Wahlforschung gegeben. Dabei werden Erkenntnisse aus der sozialpsychologischen Perspektive des Wählerverhaltens mit Fokus auf den Aspekt der Kandidatenorientierung dargestellt und relevante Entwicklungen dazu geschildert (Kapitel 2.2). Auf welche Weise sogenannte Kandidatenimages entstehen und wirken, wird in Kapitel 2.3 angesprochen. Der Kern des theoretischen Teils wird anschließend eingeleitet mit einem Forschungsstand zu verschiedenen Ansätzen zur Zusammensetzung von Kandidatenimages (Kapitel 2.4). Darauf aufbauend wird der Fokus auf die vier für die vorliegende Arbeit relevantesten Dimensionen zur Bewertung von Spitzenpolitikern gesetzt (Kapitel 2.5), die in entsprechenden Unterkapiteln genauer erläutert werden. Im Anschluss daran wird der Begriff Kanzlerfähigkeit in Kapitel 2.6 im Kontext der vorliegenden Arbeit definiert. In **Kapitel 3** werden die für die Untersuchung relevanten Entwicklungen zur COVID-19-Pandemie sowohl im Allgemeinen (Kapitel 3.1) als auch mit Fokus auf Deutschland und dabei insbesondere auf die von Markus Söder und Armin Laschet geführten Bundesländer Bayern und Nordrhein-Westfalen (Kapitel 3.2) geschildert. Die Erkenntnisse aus den theoretischen Überlegungen werden abschließend in einem Fazit zusammengefasst und in diesem Zuge die Herleitung der Forschungsfragen dargestellt (**Kapitel 4**).

Das methodische Vorgehen der Arbeit wird im anschließenden **Kapitel 5** genau geschildert. Es handelt sich bei der durchgeführten Studie um eine quantitative Inhaltsanalyse von 493 Artikeln aus den Tageszeitungen *Frankfurter Allgemeine Zeitung (FAZ)* und *Die Welt* sowie dem wöchentlich erscheinenden Nachrichtenmagazin *Der Spiegel*. Es wird zunächst das Untersuchungsmaterial, die Analyseeinheit und der Untersuchungszeitraum beschrieben und begründet (Kapitel 5.1). Daran anknüpfend werden die Kategorienbildung und das Codebuch genau erläutert (Kapitel 5.2). Abschließend werden die Ergebnisse der Reliabilitätsprüfung, die in Form eines Pretests durchgeführt wurde, präsentiert (Kapitel 5.3).

Die Darstellung der Ergebnisse der Inhaltsanalyse erfolgt in **Kapitel 6**. Hierbei wird zunächst eine Beschreibung der Stichprobe vorgenommen (Kapitel 6.1). Davon ausgehend werden die Rolle der Kanzlerfähigkeit in der untersuchten Berichterstattung (Kapitel 6.2) sowie die Einflüsse auf die Kanzlerfähigkeit beschrieben (Kapitel 6.3). Eine Diskussion der Ergebnisse erfolgt im anschließenden **Kapitel 7**. Diese wird um eine qualitative Sichtung des Datenmaterials ergänzt, die zum Ziel hat, bestimmte Auffälligkeiten und Besonderheiten in der Untersuchung genauer zu analysieren und zur Interpretation der Ergebnisse heranzuziehen. Die Arbeit endet mit einem Fazit (**Kapitel 8**), in dem die Ergebnisse abschließend zusammengefasst werden. Zusätzlich werden einige Limitationen der Studie aufgeführt und daran anknüpfend ein Ausblick für mögliche weitergehende Untersuchungen gegeben.

Betrachtet man das Kommunikationsmodell nach Lasswell (1948), kann die vorliegende Arbeit vor allem auf der Ebene der Themen und Botschaften verortet werden.

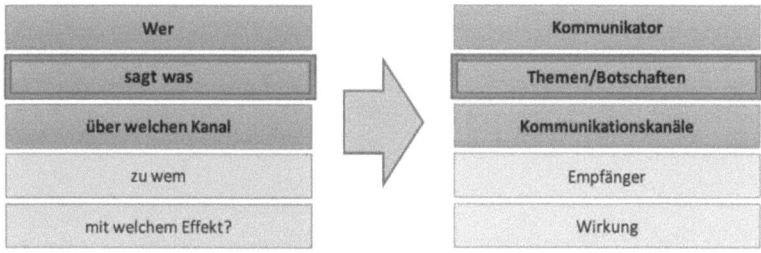

Abb. 1: Verortung der Arbeit anhand der Lasswell-Formel: eigene Darstellung in Anlehnung an Lasswell (1948)

Die Arbeit untersucht anhand einer Medieninhaltsanalyse die Rolle der Kanzlerfähigkeit der Politiker Markus Söder und Armin Laschet im Zuge der Presseberichterstattung über die COVID-19-Pandemie. Deshalb wird sie in erster Linie auf der Inhalts- beziehungsweise Botschaftsebene verortet. Die Ebene des Kommunikators ist ebenfalls von Bedeutung für die vorliegende Arbeit, da sie den Urheber der Berichterstattung beschreibt. Die Kommunikationskanäle spielen eine untergeordnete Rolle, es handelt sich dabei um die drei ausgewählten Zeitungen. Aufgrund der Entscheidung, den Fokus auf das Gesamtbild der Berichterstattung zu legen, werden die Inhalte nicht miteinander verglichen. Die Rezeptions- und Wirkungsseite des Kommunikationsmodells wird im Zuge der vorliegenden Arbeit vernachlässigt.

# 2 Die Darstellung von Spitzenpolitikern in den Medien

Das folgende Kapitel widmet sich im Allgemeinen der Frage nach der Darstellung von Spitzenpolitikern in den Medien. In der politischen Kommunikation sind einige Werke vorhanden, die sich mit der medialen Darstellung von Spitzenpolitikern im Kontext von Wahlen befassen. Häufig handelt es sich dabei um Analysen von Wahlergebnissen und Wahlkämpfen bei Bundestags- oder Landtagswahlen sowie die Medienberichterstattung darüber (vgl. z.B. Bachl, Brettschneider, & Ottler, 2013; Blumenberg & Blumenberg, 2017; Brettschneider, 2002a; Brettschneider, 2001; Brettschneider, 1998; Brettschneider, Neller, & Anderson, 2006; Brettschneider, van Deth, & Roller, 2004; Kepplinger, 2009; Kindelmann, 1994; Gabriel, Keil, & Thaidigsmann, 2009; Klein & Ohr, 2001; Klein, Ohr, & Heinrich, 2002; Ohr, Klein, & Rosar, 2013; Klein & Rosar, 2016; Leidecker & Wilke, 2016; Leidecker & Wilke, 2015; Schell, 2019; Wilke & Reinemann, 2000; Zeh, 2005; Zeh, 1992; Zeh & Schulz, 2019). Aufgrund der Fülle an Studien zur Darstellung von Spitzenpolitikern beziehungsweise Kanzlerkandidaten in den Medien im Zusammenhang mit Wahlkämpfen und wegen des Mangels an Studien zu den medialen Darstellungen vor einer offiziellen Kanzlerkandidatur, wird der Fokus des theoretischen Hintergrunds in den folgenden Kapiteln auf Letzteres gesetzt und stets in einen Zusammenhang zur vorliegenden Arbeit gebracht. An dieser Stelle kann kurz festgehalten werden, dass man im Zuge dieser Arbeit unter einem Spitzenpolitiker „einen Politiker [versteht], der ein hohes Amt, hohe Ämter innehat" (Dudenredaktion, 2021, o. S.). Der Posten des Ministerpräsidenten kann im Kontext dieser Arbeit als hohes Amt bezeichnet werden, weshalb Armin Laschet und Markus Söder als Spitzenpolitiker gelten.

Um einen möglichst umfassenden Überblick über die Darstellung von Spitzenpolitikern in den Medien zu bekommen, werden verschiedene theoretische Bausteine angesprochen. Das vorliegende Kapitel beschreibt in einem ersten Punkt zunächst das

Phänomen der „Amerikanisierung" der Berichterstattung und befasst sich anschließend vertieft mit empirischer Wahlforschung mit Fokus auf die Darstellung von Kandidaten in den Medien. Es wird dabei auf das sozialpsychologische Modell des Wählerverhaltens eingegangen, wobei der Fokus hierbei auf das Element der Kandidatenorientierung gesetzt wird. In einem weiteren Schritt werden die Entstehung und Wahrnehmung von Kandidatenimages genauer betrachtet. Es wird in diesem Zuge ein Einblick in verschiedene Studien im Hinblick auf unterschiedliche Klassifikationen von Dimensionen zur Bewertung von Spitzenkandidaten gegeben. Ausgehend davon wird sich auf die für die vorliegende Arbeit relevantesten und in der Literatur bereits häufig verwendeten vier Dimensionen Themenkompetenz, Leadership-Qualitäten, Integrität und unpolitische Merkmale/Persönliches beschränkt. Diese werden in Kapitel 2.5 ausführlich beschrieben und auf die vorliegende Arbeit bezogen. Das Kapitel wird mit einer dem Kontext der Arbeit entsprechenden Definition von Kanzlerfähigkeit abgeschlossen.

## 2.1 Die Amerikanisierung der Medienberichterstattung

Seit einiger Zeit wird in der politischen Kommunikation die Annahme vertreten, dass im Zusammenhang mit der Personalisierung von Wahlkämpfen eine sogenannte „Amerikanisierung der Politik" (Brettschneider, 2009a, S. 510) vorherrsche. Die Forschung lieferte in den letzten Jahren einige Untersuchungen hierzu (vgl. z.B. Anderson & Brettschneider, 2003; Brettschneider, 2009a; Brettschneider, 2009b; Genz, Schönbach, & Semetko, 2001; Pfetsch & Schmitt-Beck, 1994; Wilke & Reinemann, 2000).

Brettschneider (2009a) zufolge wird „unter dem Label ‚Amerikanisierung der Politik' ... sowohl eine ‚Amerikanisierung' der Wahlkampfführung als auch eine ‚Amerikanisierung' der Medienberichterstattung über Wahlkämpfe und schließlich eine ‚Amerikanisierung' des Wählerverhaltens diskutiert" (S. 510). Obwohl der Begriff häufig gebraucht wird, liegt keine allgemein anerkannte

Definition vor (Schoen, 2014, S. 675). Blickt man auf eine Definition aus der zeithistorischen Forschung, wird der Begriff Amerikanisierung als „dynamischer Einfluss US-amerikanischen Kulturimports seit den späten 1940er-Jahren in Westeuropa" (Doering-Manteuffel, 2019, S. 2) bezeichnet. Im für die vorliegende Arbeit relevanten politik- und kommunikationswissenschaftlichen Kontext wird unter dem Begriff ein „politischer Substanzverlust" (Brettschneider, 2009b, S. 103) verstanden. Das bedeutet in diesem Zusammenhang, dass Politik immer weiter in die Inhaltslosigkeit gerät, Themen zunehmend unwichtiger werden und relevante Inhalte und Debatten verloren gehen. Das hat zur Folge, dass Parteien aus Inszenierungszwecken ausführliche Versuche organisieren, um die Massenmedien zu beeinflussen und Wähler zu mobilisieren. Um Letzteres zu erreichen, können sie nicht mehr nur auf die eigenen Kommunikationskanäle zählen. Diese Entwicklungen führen dazu, dass Wahlen zum Teil als „Marketing-Events . . . [oder] Schönheitswettbewerb[e]" (Brettschneider, 2009a, S. 510) bezeichnet werden, da sie auf eine Weise inszeniert werden, die eine Berichterstattung in den Massenmedien begünstigt (Anderson & Brettschneider, 2003, S. 96; Brettschneider, 2009a, S. 510; Brettschneider, 2009b, S. 103; Pfetsch & Schmitt-Beck, 1994, S. 231). Experten sehen in der Amerikanisierung und der damit verbundenen möglicherweise zunehmenden Entpolitisierung eine potentielle Gefahr für die Demokratie (Anderson & Brettschneider, 2003, S. 96–97; Brettschneider et al., 2006, S. 483).

Für die vorliegende Arbeit ist vor allem der Aspekt der Amerikanisierung der Medienberichterstattung von Relevanz. Eine amerikanisierte Berichterstattung liegt vor, wenn die im Folgenden genannten drei Aspekte zutreffen. Erstens, wenn Parteien in der Berichterstattung in den Hintergrund rücken und Personen beziehungsweise konkret die Spitzenkandidaten wichtiger werden. Zweitens, wenn im Zusammenhang mit den jeweiligen Kandidaten öfter über Unpolitisches berichtet wird als über politische Themen, wie beispielsweise über die Frisur eines Kandidaten (Brettschneider, 2009a, S. 512). Drittens und letztens spielt auch der sogenannte *„Horse-Race-Journalism"* (Brettschneider, 2009a, S. 512, Hervorheb.

i. O.) eine Rolle. Hierbei werden Kandidaten und Parteien als Gegner wie bei einem Pferderennen präsentiert, weshalb bei dieser Art von Berichterstattung der Wettkampfcharakter im Mittelpunkt steht. Medien berichten vor allem vor Wahlen zunehmend häufiger, welcher der Kandidaten vorne oder hinten liegt. Unterhaltung ersetzt dabei Information und Positionen, für die die jeweiligen Kandidaten stehen, werden unwichtiger (Brettschneider, 2009a, S. 512; Faßbinder, 2009, S. 499). Beim Horse-Race-Journalism ist der Wahlkampf an sich zentraleres Thema in der Berichterstattung als die Parteien und ihre politische Ausrichtung. So kann beispielsweise durch Umfragen nach einem TV-Duell die Position des Kandidaten im Wettkampf durch die Medien beschrieben werden. Jedes Ereignis im Wahlkampf hat eine große Bedeutung, denn mit jedem Fehler oder Erfolg eines Kandidaten kann das jeweilige Image durch die Berichterstattung beeinflusst werden (Brettschneider, 2009b, S. 104).

Der mit dem Begriff Amerikanisierung gemeinte bereits erwähnte „Substanzverlust" (Brettschneider, 2009b, S. 103) wird im Hinblick auf die Demokratie insofern als besorgniserregend angesehen, als dass die Medienberichterstattung bei Bürgern zur Beeinflussung von deren Perzeption und Betrachtungsweise führt. Hierzu gibt es jedoch verschiedene Ansichten. Einerseits könnte die Berichterstattung bereits vorhandene Einstellungen von Wählern beeinflussen und intensivieren und im Zuge des Näherrückens der jeweiligen Wahl aufrufen. Andererseits wird die Annahme vertreten, dass die Medien auch weiterführend das Ansehen von Parteien und ihren Kandidaten sowie die für sie relevantesten Themen bestimmen und die Wahlentscheidung somit beeinflussen können (Brettschneider, 2009b, S. 103).

Wie eine Wahlentscheidung zustande kommen kann und welcher Einfluss dabei den jeweiligen Kandidaten zugeschrieben wird, schildert das folgende Kapitel.

## 2.2 Kandidatenorientierungen aus der sozialpsychologischen Perspektive

Ein wesentliches Ziel der vorliegenden Arbeit ist es zu untersuchen, wie die Medienberichterstattung zwei Spitzenpolitiker im Hinblick auf ihre Kanzlerfähigkeit darstellt und bewertet. Welchen Einfluss das Bild eines Kandidaten auf die Wähler im Hinblick auf ihre Wahlentscheidung haben kann, soll in diesem Kapitel beschrieben werden. Zunächst wird dabei ein allgemeiner Überblick über wichtige Forschungserkenntnisse in Bezug auf das Zustandekommen einer Wahlentscheidung gegeben.

Bei der Frage nach der Rolle von Kandidaten im Hinblick auf die Erklärung des Wählerverhaltens und dem Zustandekommen einer Wahlentscheidung sind mehrere Faktoren von Bedeutung. An dieser Stelle kann auf das sozialpsychologische Modell des Wählerverhaltens verwiesen werden. Dieser Ansatz hat sich mit der Zeit „als wichtigstes Paradigma der empirischen Wahlforschung etabliert" (Gabriel et al., 2009, S. 269). Aufgrund seines Ursprungs an der Universität Michigan in Ann Arbor wird er auch als „Ann-Arbor- oder Michigan-Ansatz" (Schoen & Weins, 2014, S. 242) bezeichnet (Gabriel et al., 2009, S. 269; Kühnel & Mays, 2009, S. 313; Schoen & Weins, 2014, S. 242). Dieses von Campbell, Gurin und Miller entwickelte Modell wurde in „The Voter Decides" (1954) erstmals beschrieben. Es wurde dabei zunächst angenommen, dass eine Wahlentscheidung auf die politische Einstellung und Wahrnehmung eines Bürgers zurückzuführen ist und nicht auf Umweltfaktoren, den sozialen Status dieser Person oder Ähnliches (Campbell et al, 1954, S. 80; Schoen & Weins, 2014, S. 243). Eine große Bedeutung bei der Entwicklung einer persönlichen Wahlentscheidung hat dem Ansatz zufolge die Medienberichterstattung (Campbell et al., 1954, S. 31–33).

Der ursprüngliche Michigan-Ansatz enthält drei gleichwertig gewichtete Einstellungen beziehungsweise Komponenten aus Sicht der jeweiligen Wähler, die im Zusammenspiel zu einem Verhalten führen, das wiederum in eine bestimmte Wahlentscheidung münden kann. Die erste Komponente beschreibt die Bindung zu einer bestimmten Partei. Sie wird deshalb als *Parteiidentifikation* bezeichnet. Die zweite Komponente betrachtet die jeweiligen Standpunkte zu politischen Sachfragen aus Sicht der Wähler. Sie wird deshalb als *Themenorientierung* betitelt. Für die vorliegende Arbeit von größter Relevanz ist die dritte Komponente, die sich mit der Bewertung der zur Wahl antretenden Personen befasst. Es handelt sich dabei um die *Kandidatenorientierung* (Brettschneider, 2014, S. 633–634; Brettschneider, 2002a, S. 46; Campbell et al., 1954, S. 86, 112, 136; Kühnel & Mays, 2009, S. 313; Römmele, 2017, S. 138; Schoen & Weins, 2014, S. 244–249; Westle, 2009, S. 329; Hervorheb. d. Verf.).

Kritik am ersten Modell wurde vor allem deshalb geäußert, weil es die Frage nach den Hintergründen zur Entwicklung von Einstellungen, die das Wahlverhalten prägen können, nicht berücksichtigt (Schoen & Weins, 2014, S. 248). Unter dem Titel „The American Voter" (1960) von Campbell und Kollegen wurde das Modell weiterentwickelt und teilweise verändert. Es stellt nun eine Kombination aus lang- und kurzfristigen Faktoren dar, die die Wahlentscheidung eines Wählers prägen können. Das im Ursprung symmetrische Verhältnis der drei Komponenten ist in der überarbeiteten Version asymmetrisch. Hierbei wird die Parteiidentifikation vorgelagert, weshalb dieser Komponente grundsätzlich der größte Einfluss auf das Wahlverhalten zugeschrieben wird (Schoen & Weins, 2014, S. 251; Brettschneider, 2020, S. 6). Die Parteiidentifikation gilt dem Ansatz zufolge als eine langfristige und situationsunabhängige Komponente im Vergleich zur Themen- und Kandidatenorientierung und wird vor allem durch soziale Umstände und Lebensereignisse geprägt, die eine Beziehung einer Person zu einer bestimmten Partei bewirkt haben (Campbell et al., 1960, S. 34; Schoen & Weins, 2014, S. 251). Es wird angenommen, dass Personen mit einer starken Bindung zu einer Partei durch die Medienberichterstattung nur in seltenen Fällen von dem geplanten Wahlverhalten abgebracht werden. Fällt diese jedoch sehr negativ aus, könnte die Intensität der Bindung zu einer Partei verringert werden (Brettschneider, 2020, S. 6). Im Vergleich dazu werden die Themen- und Kandidatenorientierung als kurzfristig veränderbare Aspekte betrachtet, die durch spontane Begebenheiten kurz vor einer Wahl beeinflusst werden können und dadurch die Wahlentscheidung lenken können (Schoen & Weins, 2014, S. 251). Sie sind also vor allem für solche Wähler relevant, die sich geringfügig oder gar nicht für eine bestimmte Partei aussprechen können. Neben der Medienberichterstattung können sich auch andere Komponenten auf die Themen- oder Kandidatenorientierungen auswirken, wie etwa eine direkte Beobachtung oder eigene Erlebnisse (Brettschneider, 2014, S. 633–636).

In Bezug auf die Komponente der Kandidatenorientierung werden in der ursprünglichen Form des Modells ausschließlich die jeweilige persönliche Wahrnehmung von Aspekten wie Ausstrahlung, Führungsqualitäten, Attraktivität, Ehrlichkeit oder Ähnliches im Hinblick auf die bewertete Person mit einbezogen (Campbell et al., 1954, S. 136–137; Schoen & Weins, 2014, S. 247). Dies wurde in der Überarbeitung des Modells um Eigenschaften, die auch die politischen Fähigkeiten eines Kandidaten betreffen, ergänzt. Dazu zählen zum Beispiel die Erfahrung und Fähigkeiten eines Kandidaten. Die Veränderung des Modells führte im Allgemeinen zu einer Verstärkung der Erklärung des Wählerverhaltens durch die Kandidatenorientierung (Brettschneider, 2002a, S. 47–53; Campbell et al., 1960, S. 55–56; Schoen & Weins, 2014, S. 251–253).

Das sozialpsychologische Modell vertritt also die Annahme, dass Wähler ohne Bindung zu einer bestimmten Partei auf die kurzfristig wirkenden Themen- oder Kandidatenorientierungen zurückgreifen, um eine Wahlentscheidung zu treffen. Das bedeutet, dass bei solchen Wählern den Kandidaten und den Themen im Hinblick auf die Wahlentscheidung mehr Aufmerksamkeit gewidmet wird als bei denjenigen mit einer bestimmten Parteipräferenz. Hierbei hat die Medienberichterstattung sowohl eine antreibende als auch eine meinungsbildende Wirkung. Bei Wählern mit einer langfristigen Bindung zu einer bestimmten Partei sind die Kandidatenorientierungen beziehungsweise das „Candidate-Voting" (Brettschneider, 2002a, S. 208; Brettschneider, 2001, S. 388; Lass, 1995, S. 25) meist nicht von ausschlaggebender Bedeutung für eine bestimmte Wahlentscheidung (Brettschneider, 2020, S. 6; Gabriel et al., 2009, S. 269–270).

In Anlehnung an die Grundzüge des Modells aus „The American Voter" (1960) liefert Brettschneider (2002a, S. 209-214) einen Vorschlag zur neuerlichen Interpretation des Michigan-Ansatzes. Er untersuchte in einer Studie 32 Wahlen zwischen 1960 und 2000 auf nationaler Ebene in Deutschland, Großbritannien und den USA. Grundlage der Studie war die Frage nach dem Vorhandensein von Personalisierung bei diesen Ereignissen (Brettschneider, 2002a, S. 208). Anhand der Ergebnisse postuliert er, dass die Themen- und Kandidatenorientierung nicht als in der Analyse voneinander unabhängige Faktoren in Form von kurzfristigen Aspekten zur Erklärung von Wählerverhalten gleichgesetzt werden können, sondern miteinander verflochten wirken. Ihm zufolge kann nicht behauptet werden, die jeweilige Wahlentscheidung hänge entweder von der Themen- oder der Kandidatenorientierung ab. Seiner Ansicht nach ist die Unterscheidung zwischen *„themenspezifischen Kandidatenorientierungen . . . [und] themenspezifischen Parteiorientierungen"* (Brettschneider, 2002a, S. 210, Hervorheb. i. O.) angemessener. Aus diesem Grund beschreibt er einen Vorschlag zur Bewertung der Parteien und Kandidaten der beiden Aspekte anhand von vier Dimensionen. Dabei handelt es sich um die Themenkompetenz, die Leadership-Qualitäten, die Integrität sowie die unpolitischen Merkmale (Brettschneider, 2002a, S. 209-214). Es werden also neben den Kandidaten auch die Parteien anhand dieser vier Dimensionen bewertet, wobei eine wechselseitige Verbindung zwischen den beiden Komponenten vorherrscht. Das heißt zum Beispiel, dass lange im Amt verbleibende Spitzenpolitiker wie Helmut Kohl oder Angela Merkel das Image einer Partei auf lange Sicht beeinflussen und prägen können. Auch in umgekehrter Form kann das wahrgenommene Image einer Partei einen Einfluss auf die Kandidaten haben (Brettschneider, 2002a, S. 213-214; Wiencierz, 2017, S. 97). Diese Erkenntnisse führten zur Beseitigung einer deutlichen Ungleichheit im vorhandenen Modell, in welchem sich Sachfragen auf Parteien berufen und persönliche Aspekte auf Kandidaten (Schoen & Weins, 2014, S. 256-257).

Für die vorliegende Studie sind die besagten themenspezifischen Parteiorientierungen von untergeordneter Rolle, da es ausschließlich um die Bewertung von Kandidaten geht. An dieser Stelle soll außerdem bereits erwähnt werden, dass die vier genannten Dimensionen den wichtigsten theoretischen Baustein der vorliegenden Arbeit beschreiben und in Kapitel 2.5 genauer erläutert und in den Kontext der vorliegenden Arbeit eingeordnet werden. Bei Betrachtung der Entwicklungen zur Wahlforschung kann mittlerweile eine durch den sozialen Wandel bedingte immer kleiner werdende Zahl an Stammwählern festgestellt werden. Durch die weniger werdenden Wähler mit starker Parteiidentifikation zeigt sich ein Bedeutungswachstum der jeweiligen Kandidaten. Es kann also in der heutigen Zeit häufiger als früher auch bei Personen mit einer eigentlich starken Parteibindung bei Gelegenheit ein Wechsel zu einer anderen Partei stattfinden. Dies hängt zum großen Teil mit der Einstellung zum jeweiligen Spitzenkandidaten zusammen. Diese werden, wie bereits angedeutet, anhand von verschiedenen Aspekten bewertet und können so die Wahlentscheidung lenken. Bei Wählern ohne starke Bindung zu einer bestimmten Partei hat die Medienberichterstattung einen besonders starken Einfluss in Bezug auf die Bildung einer Meinung (Brettschneider, 2017, S. 148; Brettschneider, 2014, S. 633–634; Römmele, 2017, S. 138). Grundsätzlich entstehen Urteile über bestimmte Kandidaten aus dem Zusammenwirken von bestimmten persönlichen Komponenten, wie beispielsweise idealisierten Vorstellungen von Politikern oder Stereotypen sowie der Meinung und Wahrnehmung des aktuellen Spitzenkandidaten (Westle, 2009, S. 330). Es muss jedoch nochmals erwähnt werden, dass sich ein Wähler mit einer extrem festen Einstellung gegenüber einer bestimmten Partei vermutlich nicht so stark von der Medienberichterstattung beeinflussen lässt. Außerdem hängt die Stärke des Medieneinflusses auch vom allgemeinen Tenor der Berichterstattung ab. Ist dieser einheitlich, ist eine Wirkung dessen auf die Wähler wahrscheinlicher als ein inkonsistenter (Brettschneider, 2009b, S. 108).

Dass die Medienberichterstattung eine enorme Rolle im Hinblick auf die Wahlentscheidung der einzelnen Wähler spielt, wurde mehrfach erläutert. Sie bestimmt zu großen Teilen die Themenagenda und somit die Relevanz der einzelnen Themen des

Wahlkampfs (Brettschneider, 2017, S. 152). Außerdem sind die Medien die Hauptinformationsquelle der Wähler über Kandidaten und Parteien, da es bei den wenigsten Menschen zu einem direkten Treffen mit einem Kandidaten kommt (Aaldering, van der Meer, & Van der Brug, 2018, S. 71). Auch die Politiker, die sich im Wahlkampf befinden, sehen den Einfluss der Massenmedien als so wichtig an, dass die Beeinflussung der Berichterstattung als wichtigster Aspekt des Wahlkampfes angesehen wird (Brettschneider, 2014, S. 626).

Diese Aspekte spiegeln sich auch im *Wahlkampf-Dreieck* nach Brettschneider (2017, S. 146-147, Hervorheb. d. Verf.) wider. Es besteht aus den drei Elementen Wähler, Parteien sowie Massenmedien. Wichtig hierbei sind zunächst Einstellungen der Wähler gegenüber Parteien und deren Spitzenpolitikern. Die Parteien versuchen, durch einen gelungenen Wahlkampf die Stimmen der Wähler zu erhalten. Dies geschieht zum einen durch eine direkte Kommunikation mit ihnen, zum anderen durch die Berichterstattung in den Medien. Diese wird dabei von den jeweiligen Journalisten gezielt ausgewählt und kommentiert. Diese Art von Berichterstattung über Parteien und Spitzenkandidaten prägt zu großen Teilen die Einstellungen der Wähler (Brettschneider, 2017, S. 146-147).

Die Stärke des Einflusses der Kandidaten auf die Wahlentscheidung hängt außerdem auch vom jeweiligen politischen System eines Landes ab. In Deutschland herrscht ein parlamentarisches System mit Verhältniswahlrecht vor. Die Wähler entscheiden hier zunächst über die Konstellation des Bundestags, welcher anschließend mit seiner Mehrheit den Bundeskanzler wählt. Aus diesem Grund ist die Bedeutung der Kandidaten geringer als in präsidialen Systemen mit Mehrheitswahlrecht, wie beispielsweise in den USA. Trotzdem ist Personalisierung auch hier durch die in Konkurrenz stehenden Spitzenkandidaten zu finden (Blumenberg & Blumenberg, 2017, S. 360; Brettschneider, 2002a, S. 26; Dahlem, 2001, S. 165; Debus, 2010, S. 294; Hartmann, 2007, S. 43; Wilke & Reinemann, 2000, S. 6). In den USA stellen die Vorwahlen beziehungsweise *Primaries* einen sehr komplexen Prozess hinsichtlich der Nominierung von Präsidentschaftskandidaten dar (Filzmaier &

Plasser, 2001, S. 16, Hervorheb. i. O.). Diese Vorgänge spielen eine wichtige Rolle in der Forschung (vgl. z.b. Bartels, 1988; Hall, 2015; Klumpp & Polborn, 2006; Miller, Andsager, & Riechert, 1998; Niebler, 2020). Es muss an dieser Stelle betont werden, dass für die vorliegende Studie die Medienberichterstattung in Deutschland als Grundlage herangezogen wird und sich bei der Darstellung relevanter theoretischer Hintergründe somit zu großen Teilen auf Forschung in Bezug auf parlamentarische Systeme beschränkt wird.

Bei vergleichsweiser Betrachtung des Forschungsinteresses in der Politik- und Kommunikationswissenschaft lässt sich Folgendes feststellen: Während die politikwissenschaftliche Forschung meist die Bedeutung der Einstellungen von Wählern im Hinblick auf eine Wahlentscheidung untersucht, hat die Kommunikationswissenschaft das Zustandekommen der Einstellungen, die für eine Wahlentscheidung verantwortlich sind, im Fokus. Demnach können Themen- und Kandidatenorientierungen direkt oder indirekt durch die mediale Berichterstattung geprägt werden. Durch persuasive Medienwirkungen kann direkt Einfluss genommen werden, durch „Realitätskonstruktion, das Agenda-Setting und das Priming" (Brettschneider, 2020, S. 7) geschieht dies auf indirekte Weise (Brettschneider, 2020, S. 6–7). Diese Faktoren sollen an dieser Stelle nicht unerwähnt bleiben, werden jedoch nicht weiter ausgeführt, da sie vom Kerninteresse der vorliegenden Arbeit abweichen. Es geht hierbei in erster Linie darum, aufzuzeigen, anhand welcher Aspekte Spitzenpolitiker in den Medien dargestellt und bewertet werden. Welche Rolle Kandidatenimages bei der Bewertung eines Spitzenpolitikers spielen und wie sie zusammengesetzt sind, beschreibt das folgende Kapitel.

## 2.3 Die Entstehung und Wahrnehmung von Kandidatenimages

Das Image eines Kandidaten beziehungsweise Spitzenpolitikers beeinflusst dessen Gesamtbeurteilung und basiert zu großen Teilen auf den von den Wählern wahrgenommen Eindrücken hinsichtlich einzelner Merkmale eines Kandidaten. Diese sind zum einen abhängig von aktuellen Eindrücken. Zum anderen werden sie im Zusammenhang mit den jahrelang gewonnenen Erfahrungen im Hinblick auf den jeweiligen Kandidaten gesehen. Auch die Neigung zu einer bestimmten Partei spielt, wie bereits erläutert, eine Rolle bei der Beurteilung. All diese Eindrücke werden im Allgemeinen durch die Medien mittels *Image-Agenda-Setting* vermittelt (Brettschneider & Bachl, 2013, S. 200; Brettschneider, 2020, S. 11; Brettschneider, 2009b, S. 108, Hervorheb. d. Verf.; Brettschneider, 2002a, S. 134; Kepplinger, 2009, S. 175).

In Bezug auf die Gesamtbeurteilung und schließlich auch für die Wahlentscheidung ausschlaggebend ist insbesondere die zum Zeitpunkt der Entscheidung dominierende Berichterstattung. Das bedeutet, dass häufig erwähnte Eigenschaften eines Kandidaten, wie zum Beispiel seine Führungsstärke, bei der Gesamtbeurteilung eine größere Rolle spielen als weniger häufig Erwähntes wie etwa die Beurteilung seiner Integrität (Brettschneider, 2009b, S. 108). Als Beispiel hierfür kann Bundeskanzlerin Angela Merkel herangezogen werden, die als „integer, aber führungsschwach" (Brettschneider, 2009b, S. 108) angesehen wird, weshalb für sie eine auf Führungsstärke fokussierte Berichterstattung kurz vor einer Wahl nicht von Vorteil ist (Brettschneider, 2009b, S. 108).

Bei der Beurteilung eines Kandidaten handelt es sich immer um subjektive Wahrnehmungen und nicht um eine realitätsgleiche Abbildung eines Kandidaten. Die Vorstellungen zu den Spitzenkandidaten können dabei mehr oder weniger komplex ausgeprägt sein (Brettschneider, 2020, S. 11; Kepplinger, 2009, S. 175). Das heißt, dass ein Politiker mit einem bestimmten Image diesem in der Realität nicht unbedingt entsprechen muss (Brettschneider, 2002a, S. 134). Aufgrund der Tatsache, dass jeder Mensch die Welt und seine Umgebung auf unterschiedliche Weise wahrnimmt, kann nicht nur von einem einzigen Image pro Politiker oder Kandidat gesprochen werden, vielmehr gibt es viele verschiedene Kandidatenimages. Trotzdem entstehen bei mehreren Menschen oft ähnliche Meinungen in Bezug zu einem Kandidaten (Brettschneider, 2002a, S. 135). Im Zuge der Entstehung solcher Kandidatenimages beschreibt die Forschungsliteratur zwei verschiedene Wahrnehmungen: Die

*Stimulus-determinierte Wahrnehmung* und die *Rezipienten-determinierte Wahrnehmung* (Blumler & McQuail, 1968, S. 225; Brettschneider, 2002a, S. 135, Hervorheb. d. Verf.). Die Stimulus-determinierte Wahrnehmung besagt, dass Kandidatenimages durch die Selbstdarstellung von Politikern, wie zum Beispiel mittels Reden oder Plakaten, sowie durch die Darstellung des Verhaltens durch die Medienberichterstattung über Politiker gebildet werden. Bei der Sichtweise der Rezipienten-determinierten Wahrnehmung spielen persönliche Voreinstellungen der Wähler eine wichtige Rolle. Insbesondere die Parteiidentifikation bestimmt die Wahrnehmung des jeweiligen Kandidaten. Die Parteiidentifikation als der zentrale Baustein des individuellen Orientierungssystems hat vermutlich zur Folge, dass Anhänger einer bestimmten Partei den Spitzenkandidaten für sie passende Eigenschaften anheften, um kognitive Dissonanz zu vermeiden. Diese würde beispielsweise entstehen, wenn ein Anhänger einer Partei wie beispielsweise der SPD eine negative Einstellung zu deren Spitzenkandidaten hat (Blumler & McQuail, 1968, S. 225–226; Brettschneider, 2002a, S. 135–136; Sigel, 1964, S. 483–485).

Obwohl die beiden Ansätze zur Wahrnehmung von Kandidateneigenschaften nicht zu verallgemeinern sind, können zwei Aspekte festgehalten werden. Die Rezipienten-determinierte Sichtweise ist für sogenannte politiknahe Eigenschaften passender, da dies mit der jeweiligen Parteiidentifikation einer Person zusammenhängt. Eindrücke von unpolitischen Eigenschaften entsprechen wiederum eher der Stimulus-determinierten Wahrnehmung (Brettschneider, 2002a, S. 136; Kinder, 1978, S. 859, zit. nach Brettschneider, 2002a, S. 136; Sigel, 1964, S. 494).

Zusammenfassend kann festgestellt werden, dass die Medienberichterstattung die Wahlentscheidung der Menschen auf unterschiedliche Weise stark beeinflusst. Politiker wissen um den Einfluss der Massenmedien und versuchen deshalb, sie so gut es geht zu ihren Gunsten zu beeinflussen. Hierbei spielt neben den gängigen Medien seit einiger Zeit auch der Einbezug Sozialer Netzwerke eine Rolle (Brettschneider, 2020, S. 12).

## 2.4 Verschiedene Ansätze zur Zusammensetzung von Kandidatenimages

Die vorliegende Arbeit hat zum Ziel, die Rolle der Kanzlerfähigkeit zweier Spitzenpolitiker aus den Schwesterparteien CDU und CSU anhand der Analyse ausgewählter Presseartikel zu identifizieren. Hierfür ist es wichtig, dass eine theoretische Basis vorliegt, anhand derer eine Analyse der Bewertung der beiden Politiker im Hinblick auf ihre Kanzlerfähigkeit sinnvoll ist. Entscheidend für die Relevanz der Arbeit ist die Tatsache, dass es sich beim Untersuchungsmaterial ausschließlich um Berichterstattung handelt, die im Rahmen der COVID-19-Pandemie veröffentlicht wurde. Die wichtigsten und für die vorliegende Arbeit relevantesten Informationen und Hintergründe bezüglich dieser Extremsituation werden in Kapitel 3 ausführlich beleuchtet.

Wie bereits eingangs erwähnt, ist eine große Forschungslücke im Hinblick auf die parteiinterne Ernennung von Kanzlerkandidaten und die damit verbundene Darstellung der Kandidaten durch die Medienberichterstattung vorhanden. Ein wesentlicher Unterschied zu einer gewöhnlichen Wahl, wie beispielsweise einer Bundestags- oder Landtagswahl, besteht darin, dass in diesem Fall zunächst der Parteivorsitzende für die CDU durch die eigenen Parteimitglieder gewählt wird (von Lucke, 2020, o. S.). Die in dieser Arbeit geschilderten theoretischen Grundlagen zum Einfluss der Kandidatenbewertungen auf die Wahlentscheidung der Bürger liefern für das vorliegende Forschungsinteresse eine geeignete Grundlage, da es in erster Linie um die Dimensionen zur Bewertung von Spitzenkandidaten geht.

Für die vorliegende Arbeit von größter Relevanz ist die Bewertung von Spitzenpolitikern durch die Medien anhand von verschiedenen Dimensionen, was einen sehr wichtigen Bestandteil der empirischen Wahlforschung darstellt (Rössler, 2011, S. 307). Die Literatur zu diesem Feld ist sich einig darüber, dass sich viele einzelne Image-Komponenten zu Eigenschaftsdimensionen verschmelzen lassen. Das besondere Interesse für einen Kandidaten ergibt sich dann schließlich aus dem Vergleich der Gesamtbeurteilung (Brettschneider, 2002a, S. 139). Es gibt jedoch kein allgemein anerkanntes Konzept in Bezug auf die Einteilung der Eigenschaften von Spitzenpolitikern in verschiedene Dimensionen (Brettschneider, 2002a, S. 209), weshalb es hinsichtlich der Klassifikation dieser Dimensionen zur Bewertung einige verschiedene Ansätze mit unterschiedlicher Art und Zahl an Dimensionen gibt (vgl. z.B. Aaldering et al., 2018; Aaldering & Vliegenthart, 2016; Bittner, 2011; Brettschneider, 2002a; Kinder, 1986; Klein & Ohr, 2000; Lass, 1995; Rosar & Klein, 2014; Vetter & Brettschneider, 1998; Wilke & Reinemann, 2000).

Dass verschiedene einzelne Eigenschaften sich zu Dimensionen verknüpfen lassen, ist eine Feststellung aus der Kognitions-Psychologie. Demnach wenden Menschen eine Kategorisierung einzelner Einstellungen an, um sich in der Fülle an komplizierten Einflüssen besser zu orientieren. Aus der Organisation der verschiedenen vorhandenen Eigenschaften, zum Beispiel in Bezug auf Kanzlerkandidaten, entstehen dann breiter gefächerte Kategorien (Brettschneider, 1998, S. 406; Kinder, 1986, S. 253–255). Im Folgenden soll ein kurzer Überblick über verschiedene Klassifikationen von Bewertungsdimensionen gegeben werden, die sich im Laufe der Jahre entwickelt haben. Im bereits erwähnten Klassiker „The American Voter" unterscheiden Campbell und Kollegen (1960) im Zuge der Komponente Kandidatenorientierung zwischen Qualitäten, die die *Persönlichkeit* des Kandidaten betreffen und jenen Eigenschaften, die seine *politischen Fähigkeiten* fokussieren. Der Kandidat kann demnach im Hinblick auf seine persönlichen Qualitäten beispielsweise als integer, sympathisch oder vertrauensvoll angesehen werden. Zu den politischen Fähigkeiten können zum Beispiel die Eigenschaften unabhängig, führungsstark oder erfahren zählen (Brettschneider, 2002a, S. 25, Hervorheb. d. Verf.; Campbell, 1960, S. 50).

Eine ähnliche Unterscheidung zeigt eine Studie zur Wahrnehmung von Kanzlerkandidaten in den Medien von Lass (1995), in welcher „zwischen rollennahen und rollenfernen Kriterien" (S. 35) unterschieden wird. Er vertritt die Ansicht, dass die politische Rolle, die ein Kandidat einnimmt und seine Persönlichkeit auf unterschiedliche Art und Weise auf den Wähler wirken und ihn beeinflussen können (Lass, 1995, S. 60). Seine Befragung zu Vorstellungen von Wählern zu verschiedenen Kanzlerkandidaten basierte auf den vier Dimensionen *Politik, Management, Integrität und Unpolitisches* (Lass, 1995, S. 101, Hervorheb. d. Verf.). Seiner Ansicht nach ist eine Abtrennung der Integritätskomponente von den unpolitischen Merkmalen notwendig (Lass, 1995, S. 193).

Eine andere Unterscheidung zeigen Wilke und Reinemann (2000) in einer vergleichenden Studie zu allen deutschen Bundestagswahlen zwischen 1949 und 1998 auf. Es handelt sich dabei um eine quantitative Inhaltsanalyse zur Darstellung der Kanzlerkandidaten in drei deutschen Tageszeitungen im Zuge der Wahlen im oben genannten Zeitraum (Wilke & Reinemann, 2000, S. 19). Sie entwickelten fünf Dimensionen zur Kandidatenbewertung: *„Sachkompetenz/Managerfähigkeiten, Persönlichkeit, Auftreten und Äußeres, Grundhaltungen* sowie *das Verhältnis der Kandidaten zu anderen Akteuren"* (Wilke & Reinemann, 2000, S. 93, Hervorheb. i. O.). Zur Sachkompetenz beziehungsweise den Managerfähigkeiten zählen ihnen zufolge die Komponenten „Sachkompetenz, Führungsstärke, Überzeugungskraft, Verhandlungsgeschick, Kompromissbereitschaft und politische Erfahrung" (Wilke & Reinemann, 2000, S. 93). Zur Persönlichkeit zählen zum Beispiel „Bewertungen von Glaubwürdigkeit, Entschiedenheit, Intelligenz, Zuverlässigkeit oder Gelassenheit" (Wilke & Reinemann, 2000, S. 93). Elemente im Hinblick auf Auftreten und Äußeres sind beispielsweise die körperliche Attraktivität und das nonverbale Verhalten des jeweiligen Kandidaten. Die Dimension Grundhaltungen meint längerfristige Überzeugungen des Kandidaten wie beispielsweise Konservatismus oder Toleranz. Die Dimension Verhältnis zu anderen Akteuren beinhaltet Aussagen zum Beispiel zum Gegenkandidaten oder zur Bevölkerung (Wilke, & Reinemann, 2000, S. 93). Die Ergebnisse zeigen große Unterschiede bei den verschiedenen Wahlen. So bekam beispielsweise die Bundestagswahl 1980 im Vergleich zu allen vierzehn untersuchten Wahlen enorme mediale Aufmerksamkeit. Hier traten Franz Josef Strauß von der CSU und der damals amtierende Kanzler Helmut Schmidt von der SPD gegeneinander an. Die

Ergebnisse zeigen eine Dominanz der Bewertung der Persönlichkeit und wenig Interesse an der Kompetenz der Kandidaten. Auch im Jahr 1994 wurde die Person der Kandidaten viel häufiger thematisiert als die Sachkompetenz und die Managerfähigkeiten. Bei der Wahl 1976 gab es eine ähnlich große Zahl an Bewertungen der Persönlichkeit im Vergleich zur Sachkompetenz und den Managerfähigkeiten (Wilke & Reinemann, 2000, S. 180-181).

Die von Lass (1995) geprägten rollenfernen beziehungsweise unpolitischen Kandidateneigenschaften wurden in einer Studie von Klein und Ohr (2000) genauer betrachtet. Hierbei liegt der Fokus auf den Komponenten „persönliche Integrität, physische Attraktivität und Privatleben" (S. 199) der Kanzlerkandidaten Helmut Kohl und Gerhard Schröder im Zuge der Bundestagswahl aus dem Jahr 1998. In Anlehnung an Lass (1995, S. 83-86) wurden die rollenfernen Merkmale mittels der Items „Der Kandidat als Vertrauensmann" und „Der Kandidat als Mensch" (Klein & Ohr, 2000, S. 208) gemessen. Die Studie berücksichtigte ebenfalls den Effekt politischer Kandidatenorientierungen beziehungsweise rollennaher Eigenschaften durch den Einbezug als Kontrollvariable. Dies wurde mit den Items „Der Kandidat als Parteirepräsentant", „Der Kandidat als Manager der Regierungsgeschäfte" und „Der Kandidat als Problemlöser" (Klein & Ohr, 2000, S. 203, 208; Lass, 1995, S. 83-86) gemessen. Die Ergebnisse zeigen einen signifikanten Einfluss der unpolitischen Eigenschaften auf die Wahlentscheidung. Vor allem die persönliche Integrität erwies sich als relevanter Faktor. Auch das Privatleben und die physische Attraktivität der Kandidaten konnten eine Erklärung für das Wahlverhalten zeigen (Klein & Ohr, 2000, S. 199). In einer weiteren Studie wurde die Dimension Parteirepräsentant nicht mehr berücksichtigt, dafür die rollennahen Eigenschaften politische Vertrauenswürdigkeit, kommunikative Kompetenz und der Bezug zum Bundesland (Westle, 2009, S. 331).

Die Forschung liefert auch vereinzelt Untersuchungen, die sich ausschließlich mit dem Einfluss der physischen Attraktivität von Politikern auf die Wahlentscheidung von Wählern befassen und Eigenschaften, die das Politische betreffen, ausblenden (vgl. z.B. Rosar & Klein, 2013; Rosar & Klein, 2014; Rosar, 2009; Klein &

Ohr, 2000). Obwohl dies nicht zum Kern des Forschungsinteresses der vorliegenden Arbeit zählt, da hierbei nur der unpolitische Bereich betrachtet wird, soll ein kurzer Einblick nicht unerwähnt bleiben. Es konnte den besagten Studien zufolge festgestellt werden, dass die äußere Erscheinung von Kandidaten ihren Wahlerfolg beeinflussen kann. Die vorhandenen Studien betonen die Wirkung von physischer Attraktivität zu verschiedenen Zeitpunkten in verschiedenen politischen Gegebenheiten. Sie zeigen jedoch keine Erkenntnisse für die Stabilität des Einflusses über eine längere Zeit hinweg (Rosar, 2009, S. 769; Rosar & Klein, 2013, S. 149–150). Beispielsweise befassten sich Rosar und Klein (2014) in einer Studie konkret mit der durch die Wähler wahrgenommenen äußeren Erscheinung von Spitzenkandidaten und deren Einfluss auf die jeweilige Wahlentscheidung. Anlass der Untersuchung war die Europäische Parlamentswahl 2004. Dazu sollten 24 Studierende die Attraktivität der Kandidaten anhand von Portraitaufnahmen mittels einer Skala bewerten (Rosar & Klein, 2014, S 197–198). Wie bereits in anderen zuvor durchgeführten Studien konnte gezeigt werden, dass die Attraktivität der Spitzenkandidaten einen Einfluss auf den Erfolg ihrer Partei hatte. Ob die Ergebnisse der Studie auch auf Wahlen auf nationaler Ebene, wie beispielsweise die Bundestagswahl, übertragen werden können, ist nicht geklärt (Rosar & Klein, 2014, S. 207).

Mittlerweile wird zu großen Teilen die Annahme vertreten, dass es nicht nur zwei Dimensionen geben kann, weshalb die Kriterien oft ausdifferenziert wurden (Brettschneider, 1998, S. 406–407). So bestätigt beispielsweise Kinder (1986) ausgehend von zwei Hauptdimensionen auch die Zuverlässigkeit von vier verschiedenen daraus entstandenen Teildimensionen. Demnach kann die Dimension *Charakter* in *Integrität* und *Empathie* gespalten werden und die Dimension *Kompetenz* in *Kompetenz* und *Leadership*. Er stellte im Zuge seiner Forschung außerdem eine hohe Korrelation zwischen den jeweiligen Teildimensionen fest (Kinder, 1986; S. 236–237; Bittner, 2011, S. 34, 141–142, Hervorheb. d. Verf.).

Brettschneider (2002a) zufolge werden „Kandidatenimages aus den Eigenschaftsdimensionen Themenkompetenz, Integrität,

Leadership-Qualitäten und unpolitischen Merkmalen" (S. 143) gebildet. Das Wirken dieser vier Dimensionen zeigt sich unter anderem in einer früheren Studie von Brettschneider (1998), die sich mit der Frage befasste, welche Eigenschaften die Kanzlerkandidaten für die Bundestagswahl 1998, Helmut Kohl und Gerhard Schröder, aus Sicht der Wähler hatten und ob sich diese Eigenschaften zu Dimensionen verknüpfen lassen würden. Außerdem wurde der Frage nachgegangen, inwiefern diese Dimensionen die Gesamtbeurteilung der beiden Politiker beeinflussen würden. Auch die Rolle der Parteiidentifikation wurde berücksichtigt. Es handelte sich dabei um eine Befragung, bei der neben geschlossenen Fragen auch offene Fragen gestellt wurden. Eine Befragung ausschließlich mit geschlossenen Fragen erschien als nicht ausreichend, da die Eigenschaften dabei vorgegeben sind und deshalb nicht automatisch mit jenen Eigenschaften identisch sind, die den Befragten spontan einfallen (Brettschneider, 1998, S. 410). Die Ergebnisse der Befragung führten zu der Erkenntnis, dass sich die Meinungen der Befragten zu den Kanzlerkandidaten in die vier Dimensionen Themenkompetenz, Leadership-Qualitäten, Integrität und unpolitische Merkmale zusammenfassen lassen. Die Ergebnisse der Teildimensionen im Einzelnen beeinflussen wiederum die Gesamtbeurteilung der Politiker. Gerhard Schröder wurde in diesem Fall deutlich positiver bewertet als Helmut Kohl. Bei Letzterem war vor allem die negative Bewertung der Integrität ausschlaggebend für das Gesamtbild. Bei Schröder überwog die Meinung, er sei tatkräftig, was auf einen Fokus auf die Bewertung seiner Leadership-Qualitäten hindeutet. Es konnte außerdem festgestellt werden, dass die Parteiidentifikation sowohl die einzelnen Eigenschaften als auch die Gesamtbewertung beeinflussen kann. Dies spielt vor allem im Hinblick auf die Themenkompetenz und die Integrität eine Rolle. Die Leadership-Qualitäten und die persönlichen Merkmale werden recht unabhängig von einer Parteibindung beurteilt. Es kann zusammenfassend von einem Gleichgewicht hinsichtlich der Relevanz der einzelnen Eigenschaften gesprochen werden. Die persönlichen Eigenschaften stellen demnach einen genauso wichtigen Einflussfaktor dar wie jene Eigenschaften, die das Politische betreffen (Brettschneider, 1998, S. 420).

Die niederländischen Forscher Aaldering & Vliegenthart (2016) entwickelten ebenfalls eine Möglichkeit zur Klassifizierung von Charaktereigenschaften in Dimensionen. Die Studie befasste sich mit den durch Medien vermittelten Images von niederländischen Spitzenpolitikern. Hierzu wurde eine computergestützte Inhaltsanalyse von rund 150000 Zeitungsartikeln durchgeführt. Zusätzlich wurde auch eine manuelle Kodierung durchgeführt. Sie stellten in diesem Zuge Folgendes fest:

> Moreover, we find that the dimensions political craftsmanship, vigorousness, integrity, communicative performances and consistency are regularly applied in discussing party leaders, but that portrayal of party leaders in terms of responsiveness is almost completely absent in Dutch newspapers (Aaldering & Vliegenthart, 2016, S. 1871).

Anhand dieser Dimensionen wurde von Aaldering et al. (2018) eine ähnliche weitere Studie durchgeführt, die sich mit dem medialen Einfluss der Darstellung von Parteichefs auf den Wahlerfolg beschäftigt. Es handelte sich bei der Untersuchungsmethode um eine Kombination einer computergestützten Inhaltsanalyse mit einem Paneldatensatz. Es wurden sämtliche niederländische Tageszeitungen zwischen September 2006 und September 2012 untersucht (Aaldering et al., 2018, S. 70). Während dieser Periode fanden drei nationale Parlamentswahlen statt. Es wurden insgesamt 21 Vorsitzende aus elf verschiedenen Parteien abgedeckt (Aaldering et al., 2018, S. 77). Die Ergebnisse bestätigen die Annahme, dass die Berichterstattung über Eigenschaften von Parteiführern die Stimmabgabe der Wähler beeinflussen kann. Bei einem medial positiv vermittelten Spitzenpolitiker erhöht sich die Unterstützung der Wähler für diesen demnach; bei einer negativen Darstellung wird diese vermindert. Es muss jedoch eine Einschränkung dieses Einflusses berücksichtigt werden. Danach tritt in Zeiten des Wahlkampfs ein verstärkter Effekt bei positiv vermittelten Eigenschaften auf. Bei negativen Eigenschaften wurde kein Einfluss auf die Wahlentscheidung des Wählers festgestellt (Aaldering et al., 2018, S. 70). Sie argumentieren die Relevanz ihrer Studie damit, dass sich die

Forschung bisher auf den Effekt der subjektiven Einschätzungen der Kandidaten auf die Wahlabsicht beschränkte. Durch die Studie konnte auch eine Wirkung durch medienvermittelte Darstellung auf das Wahlverhalten bestätigt werden (Aaldering et al, 2018, S. 70).

Wie unter anderem durch Kinder (1986) herausgefunden wurde, besteht ein relativ starker Zusammenhang zwischen den einzelnen Dimensionen im Hinblick auf die Gesamtbewertung eines Kandidaten (Brettschneider & Bachl, 2013, S. 202; Kinder, 1986, zit. nach Bittner, 2011, S. 34). Das bedeutet zum Beispiel, dass eine negative Bewertung der Integrität mit einer gleichzeitig negativen Bewertung der unpolitischen Merkmale einhergeht. Gleiches gilt für die Bewertung der Themenkompetenz und der Leadership-Qualitäten. Wenn die Themenkompetenz schlecht eingestuft wird, bekommen häufig auch die Leadership-Qualitäten des jeweiligen Politikers eine negative Beurteilung (Brettschneider & Bachl, 2013, S. 202; Vetter & Brettschneider, 1998, S. 106–108). Gründe hierfür sind einerseits die Tatsache, dass Menschen umfassend wahrgenommen werden, das heißt, dass sich die Gesamtbeurteilung in der Bewertung der einzelnen Teildimensionen zeigt. Andererseits kann das Bedürfnis jedes Menschen, zu kognitiver Konsistenz zu gelangen und widersprüchliche Urteile zu vermeiden, eine entscheidende Begründung für die vergleichbare Beurteilung der Teildimensionen liefern. Ein weiterer Grund für die zusammenhängende Bewertung anhand der Teildimensionen ist die Neigung einer Person zu einer bestimmten Partei. So erfolgt beispielsweise die Interpretation der Themenkompetenz und der Integrität im Gegensatz zu den Leadership-Qualitäten und den unpolitischen Merkmalen die Parteipolitik betreffend (Brettschneider & Bachl, 2013, S. 202; Vetter & Brettschneider, 1998, S. 106–108).

## 2.5 Vier Dimensionen zur Bewertung von Spitzenkandidaten

Ausgehend von den soeben aufgezeigten verschiedenen Ausdifferenzierungen und unter Berücksichtigung der in der Forschungsliteratur eingesetzten Möglichkeiten zur Aufteilung in verschiedene Dimensionen werden für die vorliegende Arbeit die bereits genannten Dimensionen *Themenkompetenz, Leadership-Qualitäten, Integrität* sowie die *unpolitischen Merkmale / Persönliches* herangezogen. Diese hin und wieder unter einem etwas anderen Namen bekannten Dimensionen dominieren die Forschungsliteratur zur Beurteilung von Spitzenpolitikern (Brettschneider, 2002a, S. 142–143; Vetter & Brettschneider, 1998, S. 97, Hervorheb. d. Verf.). Im Zentrum der Wahrnehmung der Kandidaten stehen somit vier wesentliche Fragen, die Brettschneider (2002a) so zusammenfasst:

> 1) Wofür steht ein Kandidat inhaltlich, und hat er vernünftige Vorschläge zur Lösung von Sachproblemen? 2) Verfügt er über die formalen Fähigkeiten, seine Vorschläge zu realisieren? 3) Ist er so verlässlich, dass er seine Wahlversprechen einzuhalten versucht, und kann man ihm bei neu auftretenden Problemen trauen? 4) Was für ein Mensch ist er? (S. 143)

Forschungsergebnisse zeigen diesbezüglich eine ähnliche Gewichtung der Dimensionen wie bei Präsidentschaftskandidaten in den USA. Kanzlerkandidaten werden in Deutschland in hohem Maße anhand der Themenkompetenz bewertet, gefolgt von den Leadership-Qualitäten und der Integrität. Die unpolitischen Merkmale werden in deutlich geringerem Maße bewertet und stehen somit nicht im Fokus (Brettschneider & Bachl, 2013, S. 201). Die Studien der niederländischen Forscher Aaldering und Vliegenthart (2016) sowie Aaldering und Kollegen (2018) werden für die vorliegende Arbeit ebenfalls berücksichtigt. Das liegt zum einen an der Tatsache, dass es sich dabei um aktuelle inhaltsanalytische Untersuchungen handelt und somit eine Parallele zur vorliegenden Arbeit gegeben ist. Zum anderen liefern sie ein – trotz ihrer sechs statt vier Dimensionen – ähnliches Instrument zur Einteilung in Bewertungsdimensionen wie bei Brettschneider (vgl. z.B. 1998, 2002a). Sie zeigen in ihren Studien außerdem einige für die vorliegende Untersuchung sinnvolle Signalwörter für die einzelnen Dimensionen auf, die zum Teil für die vorliegende Untersuchung herangezogen werden (vgl. Abbildung 2). Es folgt nun eine detaillierte Erläuterung der einzelnen vier Dimensionen. Diese sollen außerdem in den Kontext der vorliegenden Arbeit gesetzt werden.

### 2.5.1 Themenkompetenz

Bei der *Themen-* oder *Problemlösungskompetenz* ist es entscheidend, die „politischen Standpunkte der Kandidaten zu einzelnen Sachfragen und die Fähigkeit der Kandidaten zur Lösung von Sachproblemen" (Brettschneider, 2002a, S. 143) zu betrachten. Dabei sind jene Themengebiete wichtig, die die Wähler als relevant ansehen. Beispiele hierzu sind die wirtschaftliche Stärkung des jeweiligen Landes, der Kampf gegen die Arbeitslosigkeit oder die Sicherung von Arbeitsplätzen. Außerdem können auch „Länder- oder Zeitspezifische Problemfelder" (Brettschneider, 2002a, S. 143) dazu zählen (Brettschneider & Bachl, 2013, S. 201; Brettschneider, 2002a, S. 143, Hervorheb. i. O.; Brettschneider, 2002b, S. 263). Die COVID-19-Pandemie kann in jedem Fall als ein solcher Problembereich eingestuft werden, weshalb angenommen werden kann, dass die Themenkompetenz eines Politikers auch im Zuge dieser Krise bewertet werden kann.

In einer Befragung von Vetter & Brettschneider (1998) wurde die Problemlösungskompetenz beispielsweise mit den Items „Er hat ein gutes Konzept, um die Wirtschaft wieder anzukurbeln" und „Er hat ein gutes Konzept zur Bekämpfung von Arbeitslosigkeit" (S. 97) gemessen.

Aaldering & Vliegenthart verstehen unter ihrer Dimension *political craftmanship* (2016, S. 1874, Hervorheb. d. Verf.) die Fähigkeiten, die ein Politiker braucht, um in der Politik erfolgreich zu sein. Dazu zählen zum Beispiel Intelligenz, gutes Allgemeinwissen und Kenntnisse zu bestimmten Themen. Er sollte außerdem das Verhalten von Kollegen antizipieren und politische Erfahrung haben, um erfolgreich zu sein. Im Kontext der vorliegenden Arbeit kann diese Dimension mit *Politische Kompetenz* übersetzt werden. Adjektive, mit denen ein Spitzenpolitiker mit dieser Fähigkeit beschrieben werden kann, sind zum Beispiel klug, gut ausgebildet, professionell, erfahren, einsichtsvoll, strategisch oder sachkundig. Negative Eigenschaften sind uninformiert, gedankenlos, unwissend, unklug, rücksichtslos oder dumm (Aaldering & Vliegenthart, 2016, S. 1874, Hervorheb. d. Verf.).

## 2.5.2 Leadership-Qualitäten

Elemente, die zu den *Leadership-Qualitäten* zählen, sind zum Beispiel „Führungsstärke, Entscheidungsfreude, Tatkraft, Organisationstalent und Überzeugungskraft" (Brettschneider, 2002a, S. 143). Obwohl es sich hierbei nicht um sachfragenbezogene Elemente handelt, sind sie in Bezug auf die Durchsetzung politischer Standpunkte jedoch wichtig (Brettschneider, 2002a, S. 143). Mögliche Signalwörter hierfür wären demzufolge zum Beispiel führungsstark, entscheidungsfreudig und tatkräftig (Vetter & Brettschneider, 1998, S. 97; Brettschneider, 2002b, S. 263). Außerdem können Begriffe wie beispielsweise Durchsetzungsvermögen, innovativ, kreativ, dynamisch, kompromissfähig, standfest, beharrlich, vorausschauend, Weitblick und redegewandt auf einen Politiker mit starken Leadership-Qualitäten hinweisen (Brettschneider, 2002a, S. 198).

Die für die Dimension der Leadership-Qualitäten entscheidende Eigenschaft der Führungsstärke wird beispielsweise von Aaldering & Vliegenthart als eine eigene Dimension mit dem Namen *vigorousness* zusammengefasst (Aaldering & Vliegenthart, 2016, S. 1874, Hervorheb. d. Verf.). Diese Dimension kann mit *Führungsstärke* übersetzt werden und im Kontext der Arbeit zu den Leadership-Qualitäten gezählt werden. Ein Spitzenpolitiker mit Führungsstärke kann in der Berichterstattung beispielsweise durch die Adjektive entschlossen, dominant, mutig, hartnäckig, ausdauernd und zuversichtlich identifiziert werden. Wird er beispielsweise als unsicher, schwach, weich oder unterwürfig betitelt, kann von einem Politiker mit dem Image einer schwachen Führungspersönlichkeit gesprochen werden (Aaldering & Vliegenthart, 2016, S. 1879, Hervorheb. d. Verf.).

## 2.5.3 Integrität

Mit der *Integrität* eines Politikers ist der „Eindruck [gemeint], der zur Wahl stehende Kandidat sei ein ehrlicher Mensch und ein vertrauenswürdiger Politiker" (Brettschneider, 2002a, S. 143). Aus drei verschiedenen Gründen kann die Integrität als ein sehr wichtiger Maßstab zur Bewertung angesehen werden. Einerseits lässt sich die Integrität eines Kandidaten vermeintlich leichter einschätzen als dessen Leadership-Qualitäten oder die inhaltliche Themenkompetenz. Andererseits ist es ein bekannter und vertrauter Vorgang eines Menschen, einen anderen Menschen mittels wahrgenommener Integrität zu bewerten, da Freunde oder Bekannte häufig anhand von dieser wahrgenommen werden. Hinzu kommt außerdem, dass die besagten Eigenschaften Verlässlichkeit und Vertrauenswürdigkeit vor allem für unvorhersehbare Ereignisse und Situationen von Vorteil sind, die nach einer Wahl eintreten können (Brettschneider, 2002a, S. 143–144). Die COVID-19-Pandemie kann in diesem Fall als solch unvorhergesehene Situation eingestuft werden. Items für die Messung der Integrität können „ehrlicher Mensch", „politisch vertrauenswürdig" und „macht eine verantwortungsvolle Politik" (Vetter & Brettschneider 1998, S. 97) sein. Außerdem können Signalwörter wie Bürgernähe, berechenbar, verlässlich, solide, gerecht und aufrichtig auf einen integren Politiker hinweisen (Brettschneider, 2002a, S. 198).

Aaldering und Vliegenthart (2016) zufolge bedeutet Integrität die scheinbar intrinsische Motivation eines Spitzenpolitikers. Darunter wird verstanden, ob ein Spitzenkandidat auf die Bedürfnisse, Wünsche oder Forderungen der Bevölkerung eingeht oder sich nur von den eigenen leiten lässt. In der Berichterstattung können beispielsweise Adjektive wie ehrenhaft, respektabel, ehrlich, anständig und nicht korrupt ein Hinweis für Integrität sein. Ein Spitzenpolitiker ohne Integrität kann Aaldering und Vliegenthart (2016) zufolge als betrügerisch, verlogen, unaufrichtig, verdorben oder korrupt bezeichnet werden. Beispiele für Politiker, die das Image hatten, keine Integrität zu besitzen, sind der ehemalige US-Präsident Nixon sowie der ehemalige italienische Premierminister Berlusconi (Aaldering & Vliegenthart, 2016, S. 1879).

### 2.5.4 Unpolitische Merkmale/Persönliches

Die vierte Dimension, die sogenannten *unpolitischen Merkmale* oder *Persönliches*, ist die einzige Dimension, die sich nicht mit der Aktivität der politischen Rolle des jeweiligen Politikers befasst. Merkmale sind beispielsweise das Alter, das Aussehen, das Geschlecht, die Herkunft oder auch die Zugehörigkeit zu einer bestimmten

Religion (Brettschneider, 2002a, Hervorheb. i. O.; Brettschneider, 2002b, S. 263; Carlson 1984, S. 667–672; Conover & Feldman, 1989, S. 916). Davon gilt jedoch nicht alles als unpolitisch, da beispielsweise die Religion eines Kandidaten durch einen Wähler eine Assoziation mit bestimmten politischen Grundwerten hervorrufen kann (Brettschneider, 2002a, S. 144). Anhand von Alter und Gesundheit kann festgemacht werden, wie fit der jeweilige Kandidat für die kommende Amtszeit sein mag. Je höher das Alter eines Kandidaten zum Zeitpunkt der Wahl ist, desto höher ist auch die Wahrscheinlichkeit, dass die Informationsverarbeitung schlechter wird oder er das Amt gar nicht mehr ausüben kann. Andererseits geht mit einem hohen Alter auch mehr Lebenserfahrung einher (Abrams & Brody, 1998, S. 489; Brettschneider, 2002a, S. 144). Einzig Aussehen und Charme eines Kandidaten haben keinen Bezug zum Politischen und demnach auch nicht zu inhaltlichen oder formalen Dimensionen der Kandidateneigenschaften. Erkenntnisse aus der sozialpsychologischen Forschung zeigen diesbezüglich jedoch Vorteile im Hinblick auf die Ausübung einer Führungsposition von Menschen mit schönem Äußeren gegenüber weniger attraktiven und mürrisch aussehenden Personen (Kinder & Fiske, 1986, S. 206). Die unpolitischen Merkmale können beispielsweise über die Items „guter Geschmack", „angenehme Ausstrahlung" und „menschliche Sympathie" (Vetter & Brettschneider, 1998, S. 97) operationalisiert werden. Weitere Signalwörter sind zum Beispiel selbstbewusst, menschlich, jung, gesund und körperlich fit (Brettschneider, 2002a, S. 198). Unter Berücksichtigung von Annahmen hinsichtlich der Personalisierung von Politik können die unpolitischen Merkmale als zunehmend wichtig angesehen werden (Brettschneider, 2002a, S. 144).

Einen Überblick über positiv und negativ ausgeprägte Eigenschaften beziehungsweise Signalwörter im Hinblick auf die vier Dimensionen beschreibt die folgende Tabelle 1.

Tabelle 1: Darstellung der positiven und negativen Signalwörter in Abhängigkeit zu den vier Dimensionen: eigene Darstellung in Anlehnung an Brettschneider, 2002, S. 198; Aaldering & Vliegenthart, 2018, S. 1879; Vetter & Brettschneider, 1998, S. 99

| Bewertungsdimension \ Signalwörter | positiv | negativ |
|---|---|---|
| Themenkompetenz | klug<br>gut ausgebildet<br>professionell<br>erfahren<br>einsichtsvoll<br>strategisch<br>sachkundig | uninformiert<br>gedankenlos<br>unklug<br>rücksichtslos<br>dumm |
| Leadership-Qualitäten | führungsstark<br>tatkräftig<br>entscheidungsfreudig<br>Durchsetzungsvermögen<br>entschlossen<br>dominant<br>mutig<br>hartnäckig<br>ausdauernd<br>zuversichtlich<br>dynamisch | unsicher<br>schwach<br>weich<br>unterwürfig<br>zögerlich |
| Integrität | ehrlich<br>vertrauenswürdig<br>verantwortungsvoll<br>berechenbar<br>Bürgernähe<br>verlässlich<br>gerecht<br>solide<br>respektabel<br>nicht korrupt<br>anständig | unaufrichtig<br>betrügerisch<br>korrupt<br>verdorben<br>verlogen<br>egoistisch |
| Unpolitische Merkmale / Persönliches | starke Persönlichkeit<br>körperlich fit<br>menschlich<br>jung<br>gesund<br>sympathisch<br>guter Geschmack<br>angenehme Ausstrahlung | unsympathisch<br>unangenehme Ausstrahlung<br>schlechter Geschmack |

## 2.6 Kanzlerfähigkeit

Da der Aspekt der *Kanzlerfähigkeit* den Kern des Forschungsinteresses der vorliegenden Arbeit darstellt, soll er an dieser Stelle für diesen Kontext definiert werden. Der Begriff Kanzlerfähigkeit wurde im Verlauf der Erhebung auf induktive Weise immer wieder angepasst und verändert. Unter dem Begriff Kanzlerfähigkeit wird zunächst die Befähigung eines Politikers zu einer Kanzlerschaft verstanden. Er stellt demnach den „ideale[n] Bewerber für das Amt" (Scheurle, 2009, S. 183) dar. Die Bewertung der Kanzlerfähigkeit durch die Medienberichterstattung über die COVID-19-Pandemie in Bezug auf die Politiker Markus Söder und Armin Laschet wird in der vorliegenden Arbeit untersucht. Es ist wichtig anzumerken, dass die Kanzlerfähigkeit in Anbetracht dieser inhaltsanalytischen Untersuchung etwas ausgedehnter definiert wird. Es fallen demnach auch Aspekte in die Analyse, die sich nicht nur ausschließlich mit der Bewertung der Kanzlerfähigkeit befassen, sondern auch mit möglichen wertfreien Bezügen. Darunter fallen beispielsweise solche, die sich rein auf die Wahl des neuen CDU-Vorsitzenden beziehen, mit dem eine mögliche Kanzlerkandidatur verbunden sein kann. Bei diesen Bezügen findet zwar nicht direkt eine Bewertung der Kanzlerfähigkeit statt, sie befasst sich aber im weiteren Sinne mit der Debatte und ist deshalb relevant für die vorliegende Studie.

Außerdem kann die Kanzlerfähigkeit im Kontext der vorliegenden Arbeit auf explizite und implizite Weise bewertet werden. Von einer impliziten Bewertung der Kanzlerfähigkeit kann ausgegangen werden, wenn die Dimensionen Themenkompetenz, Leadership-Qualitäten, Integrität sowie die unpolitischen Merkmale überwiegend oder tendenziell positiv ausgeprägt sind. Ein Politiker mit weniger Kanzlerfähigkeit wird in Bezug auf die Bewertungsdimensionen vermutlich eher negativ bewertet.

Eine explizite Bewertung der Kanzlerfähigkeit liegt vor, wenn dies durch die Verwendung expliziter Begriffe oder Erwähnungen wie beispielsweise „kanzlerfähig" geschieht. Im folgenden Kapitel werden die wichtigsten Entwicklungen rund um die COVID-19-

Pandemie dargestellt, wobei der Fokus auf Deutschland und insbesondere auf den beiden Politikern Markus Söder und Armin Laschet liegt.

# 3 Die COVID-19-Pandemie in Deutschland: Ein Überblick

Die zurückliegenden Kapitel haben einen Einblick in einige theoretische Hintergründe gegeben, die für die im Zuge dieser Arbeit durchgeführte empirische Untersuchung von Relevanz sind. Die Grundlage für die vorliegende Forschung bildet die deutsche Presseberichterstattung über die COVID-19-Pandemie in Deutschland im Jahr 2020. Es soll auf dieser Basis der Frage nachgegangen werden, welche Rolle die Kanzlerfähigkeit der Politiker Markus Söder und Armin Laschet spielt. Um ein Verständnis der Zusammenhänge zu gewährleisten, wird im Folgenden eine kurze Chronologie der Ereignisse rund um die COVID-19-Pandemie mit Fokus auf Deutschland dargestellt, da diese eine elementare Rahmenbedingungen für die vorliegende Arbeit bildet. Außerdem werden die wichtigsten Informationen über die Politiker Markus Söder und Armin Laschet im Zusammenhang mit dem öffentlichen Umgang in der Pandemie festgehalten.

## 3.1 Allgemeine Informationen zu COVID-19

„Was die Welt wenige Wochen nach Jahresbeginn 2020 völlig aus den Angeln hob, war eine mysteriöse Lungenerkrankung, die in China Ende 2019 bei ein paar Dutzend Patienten festgestellt und zu Jahresende der Weltgesundheitsorganisation ... gemeldet wurde" (Kirchler et al., 2020, S. 1–2). Diese Worte beschreiben kurz und knapp den Beginn der Pandemie, welche mittlerweile fast die ganze Welt beherrscht. Die ersten Menschen erkrankten in Wuhan, der Hauptstadt der chinesischen Provinz Hubei, mit dem Coronavirus *SARS-CoV-2*. Die Krankheit, die später die Bezeichnung *COVID-19 (Corona Virus Disease 2019)* erhalten sollte, breitete sich dort extrem schnell aus und sorgte dafür, dass sich die gesamte Stadt ab der zweiten Januarhälfte in Quarantäne befand, was mit Schließungen von öffentlichen Einrichtungen sowie Ausgangssperren für die

Bevölkerung einherging (Bundesregierung, 2021, o. S.; Kirchler et al., 2020, S. 2, Hervorheb. d. Verf.).

Coronaviren sind vor allem bei Säugetieren und Vögeln stark verbreitet. Bei Menschen lösen sie in den meisten Fällen nur milde Erkältungskrankheiten aus. Zu den Hauptsymptomen der neuartigen Krankheit werden Husten, Fieber, Schnupfen und eine Störung des Geruchs- beziehungsweise Geschmackssinns gezählt. Besonders bei Risikogruppen wie beispielsweise älteren Menschen oder Menschen mit Vorerkrankungen können ernstere Verläufe der Erkrankung mit einer Lungenentzündung zur Folge auftreten (Robert-Koch-Institut, 2021, o. S.). Trotz der besagten Entwicklungen in China blieb der Westen zunächst eher unbeeindruckt und sah in dem neuartigen Virus keine große Gefahr (Kirchler et al., 2020, S. 2; WHO-Regionalbüro für Europa, 2020, o. S.). Es dauerte jedoch nicht lange und erste Fälle des Virus wurden schließlich auch über die Grenzen Chinas hinweg festgestellt. Der daraus resultierende rasante globale Anstieg der Fallzahlen führte dazu, dass der Ausbruch am 11. März 2020 durch den Generaldirektor der Weltgesundheitsorganisation (WHO) zu einer Pandemie erklärt wurde (WHO-Regionalbüro für Europa, 2020, o. S.). Darunter versteht man „eine weltweite Epidemie" (Robert-Koch-Institut, 2009, o. S.). Von einer Epidemie wird gesprochen, wenn „örtlich und zeitlich begrenzt unerwartet häufig spezifische Infektionen auf[treten] . . ." (Vonberg, 2006, S. 21).

Es wurden bis zum damaligen Zeitpunkt rund 118000 Fälle in 114 Ländern sowie insgesamt 4291 Todesfälle kommuniziert (WHO-Regionalbüro für Europa, 2020, o. S.). Aufgrund der Relevanz des besagten Datums beginnt die Untersuchung der Presseberichterstattung für die vorliegende Arbeit mit dem 11. März 2020. Bereits Mitte des Monats März 2020 wurde die Europäische Region der WHO mit mehr als 40 % der weltweit gemeldeten Fälle zum Zentrum der Pandemie erklärt. Im Zuge der steigenden Zahlen war immer wieder von einigen wichtigen Hygienemaßnahmen die Rede, die unbedingt verstärkt beachtet werden sollten. Dazu zählten vor allem häufiges Händewaschen sowie das Abstandhalten zu anderen Menschen, wo immer es möglich ist (WHO-Regionalbüro für Europa, 2020, o. S.).

## 3.2 Das Krisenmanagement von Markus Söder und Armin Laschet in der Medienberichterstattung

Auch Deutschland wurde recht schnell von dem neuartigen Virus getroffen. Der erste nachgewiesene Fall von COVID-19 wurde nahe München Ende Januar 2020 bei einem Mitarbeiter des Autozulieferers Webasto registriert und dem bayerischen Gesundheitsministerium gemeldet. Bei besagter Firma infizierten sich insgesamt 16 Menschen ausgehend von einer aus China eingereisten Mitarbeiterin (Gortana et al., 2020, o. S.; Merlot, 2020, o. S.). Rund einen Monat später wurde ein Ehepaar aus dem nordrhein-westfälischen Kreis Heinsberg positiv getestet. Der Ausbruch dort wurde zu einem Einschnitt der Epidemie in Deutschland (Gortana et al., 2020, o. S.).

Im Zuge der immer stärker ansteigenden Infektionszahlen einigten sich Bund und Länder im März schließlich auf verschiedene Maßnahmen zur Eindämmung des Virus. Anders als in anderen EU-Staaten wurde jedoch keine allgemeine Ausgangssperre beschlossen. Es wurden hierzulande zunächst Schulen und Kindergärten geschlossen sowie große Sportveranstaltungen untersagt. Kurz darauf wurde von den meisten Bundesländern ein Verbot erlassen, dass das Zusammentreffen von maximal zwei Personen vorschrieb. Auch Restaurants sowie dienstleistende Unternehmen wie Friseure waren zur vorübergehenden Schließung verpflichtet (Otto, 2020, o. S.; Donsimoni et al., 2020, S. 251). Ende April wurde außerdem eine Pflicht zum Tragen eines Mund-Nasen-Schutzes in Geschäften und den öffentlichen Verkehrsmitteln verkündet (Imöhl & Ivanov, 2020, o. S.).

Aufgrund der bis zum damaligen Zeitpunkt unzureichend vorhandenen wissenschaftlichen Kenntnisse zu dem neuen Virus, wurden politische Entscheidungen teils unter unsicheren Bedingungen getroffen und mussten immer wieder spontan geändert oder angepasst werden (Kirchler et al., 2020, S. 3). Vor allem das unterschiedliche Vorgehen der einzelnen Bundesländer im

Hinblick auf das Krisenmanagement führte schnell zu konfliktreichen Debatten sowie starker Beachtung in der Medienberichterstattung (Kühne et al. 2020, S. 6). Darin war von einem „Flickenteppich aus Regelungen und Ausnahmen" (Fried & Hermann, 2020, o. S.) die Rede, in dem es sehr schwer sei, einen Überblick zu behalten (Fried & Hermann, 2020, o. S.). Die Haupakteure der Entwicklungen waren von Beginn der Krise an der bayerische Ministerpräsident Markus Söder sowie sein nordrhein-westfälischer Amtskollege Armin Laschet (Kühne et al., 2020, S. 6). Im Hinblick auf die Maßnahmen zur Eindämmung der Pandemie wurde Markus Söder hierbei als „Verfechter strikter Lockdown-Regeln" (Kühne et al., 2020, S. 6) bezeichnet, er wurde von Kollegen jedoch unter anderem dafür kritisiert, dass er sich nicht genügend um eine Abstimmung mit anderen Ländern bemüht hätte (Fried & Herrmann, 2020, o. S.; Dambeck, Dettmer, Eberle, Friedmann, & Medick, 2020, o. S.). Armin Laschet wurde im Vergleich dazu hinsichtlich der Debatte um die Schließungen von Schulen und Kindergärten als zurückhaltend und zögerlich dargestellt (Dambeck et al., 2020, o. S.).

Das Bundesland Bayern stand im Zuge des Corona-Ausbruchs auf einem Gemüsehof in Mamming das erste Mal im Zentrum der Geschehnisse, in dessen Folge sich rund 200 Erntehelfer mit dem Virus infizierten. Den zuständigen Behörden gelang eine Eindämmung schnell, weshalb auch Ministerpräsident Söder als guter Krisenmanager bezeichnet wurde und wie kein anderer Ministerpräsident seit Beginn der Pandemie sehr starke Zustimmung erhielt (Huld, 2020, o. S.; Dambeck et a., 2020, o. S.; Bachmann, 2020, o. S.).

Das bestätigten auch Ergebnisse mehrerer Umfragen, wie beispielsweise jene des Meinungsforschungsinstituts YouGov, welches nach der Beurteilung des Vorgehens deutscher Politiker im Zuge der Corona-Krise fragte. Dabei bewerteten 53 % der Befragten die Vorgehensweise von Markus Söder als sehr gut oder eher gut. Im Vergleich dazu schnitt Armin Laschet mit 18 % vergleichsweise schlecht ab (Sonnenberg, 2020, o. S.). Auch die Ergebnisse der SOEP-CoV-Studie bestätigten die höhere Zufriedenheit der

Befragten in Bayern im Vergleich zu Nordrhein-Westfalen (Kühne et al., 2020, S. 6).

Im Vergleich zu anderen Bundesländern lockerte Bayern die Beschränkungen später und vorsichtiger, wie das Beispiel der gastronomischen Betriebe zeigt. Diese durften erst zwei Wochen später öffnen als solche in Nordrhein-Westfalen (Tagesschau.de, 2020, o. S.). In der Debatte um mögliche Lockerungen standen Markus Söder und Armin Laschet ebenfalls wieder im Mittelpunkt der Medienberichterstattung. Armin Laschet setzte sich dabei für frühere Lockerungen ein, ihm wurde diesbezüglich die Rolle als „Vorreiter einer frühen Lockerung der Maßnahmen" (Kühne et al., 2020, S. 6) zugeschrieben, was Schlagzeilen wie zum Beispiel „Mr. Exit-Laschet" (Adamek & Wandt, 2020, o. S.) oder „Lockerer" (Striewski, 2020, o. S) zur Folge hatte. Markus Söder warb im Gegensatz dazu für strengere Maßnahmen (Adamek & Wandt, 2020, o. S.), weshalb ihm zum Beispiel die Bezeichnung „Lockdown-Söder" (Adamek & Wandt, 2020, o. S.) angeheftet wurde. Betrachtet man diesbezüglich Umfragewerte zur Zufriedenheit der Bürger mit den beiden Politikern, liegt der bayerische Ministerpräsident deutlich vorne. Mitte April 2020 beurteilten rund 94 Prozent der Befragten seine Arbeit als positiv, bei Armin Laschet waren es nur 46 Prozent (Lucke, 2020, o. S.).

Einen großen Rückschlag in den Entwicklungen der Infektionen mit COVID-19 erlebte Deutschland und insbesondere das Bundesland Nordrhein-Westfalen im Juni 2020. Der Ausbruch im Schlachtbetrieb der Firma Tönnies stellte das Land Nordrhein-Westfalen und damit auch Armin Laschet auf die wohl größte Probe in den bisherigen Entwicklungen (Dambeck et al., 2020, o. S.). Es wurde am 22. Juni 2020 von mehr als 1500 Infizierten und dem bis dahin größten Ausbruch in Deutschland berichtet (Stegemann, 2020, o. S.). Für die lange andauernde Entscheidung, einen erneuten Lockdown für die Landkreise Gütersloh und Warendorf zu erlassen, während im Rest der Bundesrepublik Lockerungen bereits in Kraft getreten waren, wurde Laschet das Image eines „Zauderers" (Dambeck et al., 2020, o. S.) zugeschrieben, dem ein klarer Kurs fehle (Dambeck et al., 2020, o. S.).

Im Hinblick auf das unterschiedliche Krisenmanagement der beiden Politiker wurde in der Medienberichterstattung auch eine andere Thematik aufgegriffen. Es handelt sich dabei um die Wahl des neuen CDU-Parteivorsitzenden und die daran anschließende Ernennung des Kanzlerkandidaten der Union für die Bundestagswahl 2021. Für den CDU-Parteivorsitz wurden zum Zeitpunkt der Untersuchung die drei Politiker Norbert Röttgen, Friedrich Merz und Armin Laschet als mögliche Nachfolger von Annegret Kramp-Karrenbauer gehandelt. Dieser Posten kann zwar mit einer Kanzlerkandidatur verbunden sein, muss aber nicht. Aufgrund seiner positiven Umfragewerte wurde recht schnell auch Markus Söder mit einer Kanzlerkandidatur in Verbindung gebracht. Diesbezüglich waren vor allem Vergleiche zu seinem Amtskollegen Armin Laschet zu finden. In der Medienberichterstattung wurde die Frage, wer von beiden die besseren Führungsqualitäten habe, immer lauter (Dambeck et al., 2020, o.S.; Lucke, 2020, o. S.). Immer häufiger wurden Zusammenhänge zwischen dem Krisenmanagement der Politiker Armin Laschet und Markus Söder in Zeiten der Corona-Krise und ihrer Eignung zum Kanzler deutlich gemacht: „Hier geht es nicht mehr um Föderalismus, schon gar nicht um medizinische Notwendigkeiten. Hier geht es darum, wer im Herbst 2021 ins Kanzleramt einzieht" (Otto, 2020, o. S.). Auch von einem „Stresstest für die Kanzlerschaft" (Adamek & Wandt, 2020, o. S.) wurde mit Blick auf die Corona-Krise gesprochen. Markus Söder wurde im Zusammenhang mit seinen positiven Umfragewerten unter anderem als „Corona-Kanzler" (Otto, 2020, o.S.) bezeichnet. Er selbst behauptete jedoch stets, in Bayern bleiben zu wollen, und negierte somit ein Interesse am Kanzleramt: „Offiziell drängt sich CSU-Chef Söder nicht danach, Kanzler zu werden. Und offiziell stellt er auch nie die K-Frage. Trotzdem ist er dauernd als Kanzlerkandidat im Gespräch. Wie schafft er das?" (Henkel, 2020, o. S.)
Im folgenden Kapitel erfolgt eine Zusammenfassung der wichtigsten Erkenntnisse aus den theoretischen Grundlagen sowie die Erklärung der Forschungsfragen.

# 4 Fazit der Theorie und Forschungsfragen

Die zurückliegenden Kapitel hatten das Ziel, einen möglichst umfassenden Einblick in theoretische Grundlagen zu geben, die für die vorliegende Arbeit relevant sind. Der theoretische Überblick konzentrierte sich dabei hauptsächlich auf Aspekte aus der politik- und kommunikationswissenschaftlichen Wahlforschung. Es wurde im Allgemeinen festgehalten, dass seit einiger Zeit im Zusammenhang mit der Personalisierung der Politik auch eine Amerikanisierung der Politik existiert. Im Hinblick auf die Medienberichterstattung wird darunter eine Art „Substanzverlust" (Brettschneider, 2009b, S. 103) verstanden, der mit der Zunahme von Berichten über die Person des Politikers einhergeht. Parteien und Themen werden dabei unwichtiger, außerdem werden Wahlkämpfe durch die Medien teilweise mit Pferderennen verglichen (Kapitel 2.1).

Zur genaueren Betrachtung der Kandidaten und ihrem Einfluss auf die Wahlentscheidungen der Bürger, kann auf den in der Wahlforschung etablierten sozialpsychologischen Ansatz des Wählerverhaltens hingewiesen werden. Dieser Ansatz wurde seit der Entwicklung in den 1950er Jahren einige Male verändert, beschreibt aber grundsätzlich die folgenden drei Einflüsse auf die Wahlentscheidung eines Wählers: Die Parteiidentifikation, die Themenorientierung und die Kandidatenorientierung. Die langfristige Identifikation mit einer Partei ist dabei recht stabil und im Gegensatz zu den kurzfristigen Komponenten Themen- und Kandidatenorientierung nicht so leicht zu beeinflussen. Letztere können jedoch durch die mediale Berichterstattung stark beeinflusst werden. Diese wird als wichtigstes Element des Wahlkampfes angesehen. Eine Erweiterung des Modells sieht außerdem das Element der Parteiorientierung vor (Kapitel 2.2).

Wie genau ein Spitzenpolitiker in den Medien im Gesamtbild wahrgenommen wird, hängt mit seinem jeweiligen Image zusammen. Dieses kann entweder durch die Selbstdarstellung der Politiker in den Medien entstehen (Stimulus-determiniert) oder durch Voreinstellungen (Rezipienten-determiniert) (Kapitel 2.3).

Außerdem besteht das Bild aus einzelnen Teildimensionen, die in der politik- und kommunikationswissenschaftlichen Forschung unterschiedlich klassifiziert werden (Kapitel 2.4). Die vorliegende Arbeit beschränkt sich nach gründlicher Betrachtung des Forschungsstandes auf die vier Dimensionen Themenkompetenz, Leadership-Qualitäten, Integrität sowie die unpolitischen Merkmale (Kapitel 2.5). Die Bewertung der Themenkompetenz erfolgt dabei im Allgemeinen anhand der Frage, wofür ein Kandidat steht und ob er Lösungsvorschläge für Sachprobleme liefern kann (Kapitel 2.5.1). Bei den Leadership-Qualitäten geht es um Elemente wie Führungsstärke, Entscheidungsfreude oder Tatkraft (2.5.2). Die Bewertung der Integrität erfolgt durch die Einschätzung der Vertrauenswürdigkeit und der Verlässlichkeit (2.5.3). Bei der Frage nach der Bewertung der unpolitischen Merkmale geht es um Elemente wie Sympathie, Charakter und Ausstrahlung (2.5.4).

Die vorliegende Arbeit widmet sich im Allgemeinen der Frage nach der Rolle der Kanzlerfähigkeit der Ministerpräsidenten Markus Söder und Armin Laschet in der deutschen Presseberichterstattung über die COVID-19-Pandemie. Im Zusammenhang mit der Frage, wer von beiden die Krise besser meistern würde, wurde in der Medienberichterstattung immer wieder die Debatte um die Wahl des neuen CDU-Vorsitzenden und die daran anschließende Ernennung des Kanzlerkandidaten für die Unionsparteien thematisiert. Während ursprünglich nur Armin Laschet, Norbert Röttgen und Friedrich Merz mit diesem Amt in Verbindung gebracht wurden, da sie für den Vorsitz kandidierten, wurde aufgrund seiner guten Umfragewerte eine Diskussion über eine mögliche Kanzlerkandidatur des CSU-Vorsitzenden Markus Söder lauter (Kapitel 3). Es handelt sich also nicht um einen klassischen Wahlkampf, so wie es die Literatur bereits oft untersucht hat, sondern um einen anderen Fall, der aus mehreren Gründen das Forschungsinteresse geweckt hat. Erstens stammen beide Politiker aus den Schwesterparteien CDU und CSU. Zweitens war zum Zeitpunkt der Untersuchung weder der neue CDU-Vorsitzende festgelegt noch ein offizieller Kanzlerkandidat für die CDU/CSU nominiert und drittens finden diese Entwicklungen im Zuge einer extremen Krisensituation statt.

Auf Grundlage dieser Entwicklungen liefert die allgemeine Berichterstattung Grund zu der Annahme, dass eine Debatte um die Kanzlerfähigkeit der beiden Politiker stattfindet, die geprägt ist durch die Berichterstattung über die COVID-19-Pandemie und dem damit verbundenen Krisenmanagement der beiden Ministerpräsidenten. Dieser Frage soll durch die vorliegende Arbeit nachgegangen werden. Hierbei wurde bei dem Begriff Kanzlerfähigkeit eine Unterscheidung zwischen expliziter und impliziter Bewertung vorgenommen. Bei der impliziten Bewertung der Kanzlerfähigkeit werden die Tendenzen der Bewertungen anhand der Dimensionen Themenkompetenz, Leadership-Qualitäten, Integrität sowie unpolitische Merkmale herangezogen. Ein Politiker mit keiner oder wenig Kanzlerfähigkeit wird demnach in Bezug auf die Bewertungsdimensionen vermutlich eher negativ bewertet. Eine explizite Bewertung der Kanzlerfähigkeit liegt vor, wenn dies durch explizite Begriffe oder Erwähnungen geschieht (Kapitel 2.6).

Eine anschauliche Darstellung der theoretischen Befunde liefert die folgende Abbildung 2.

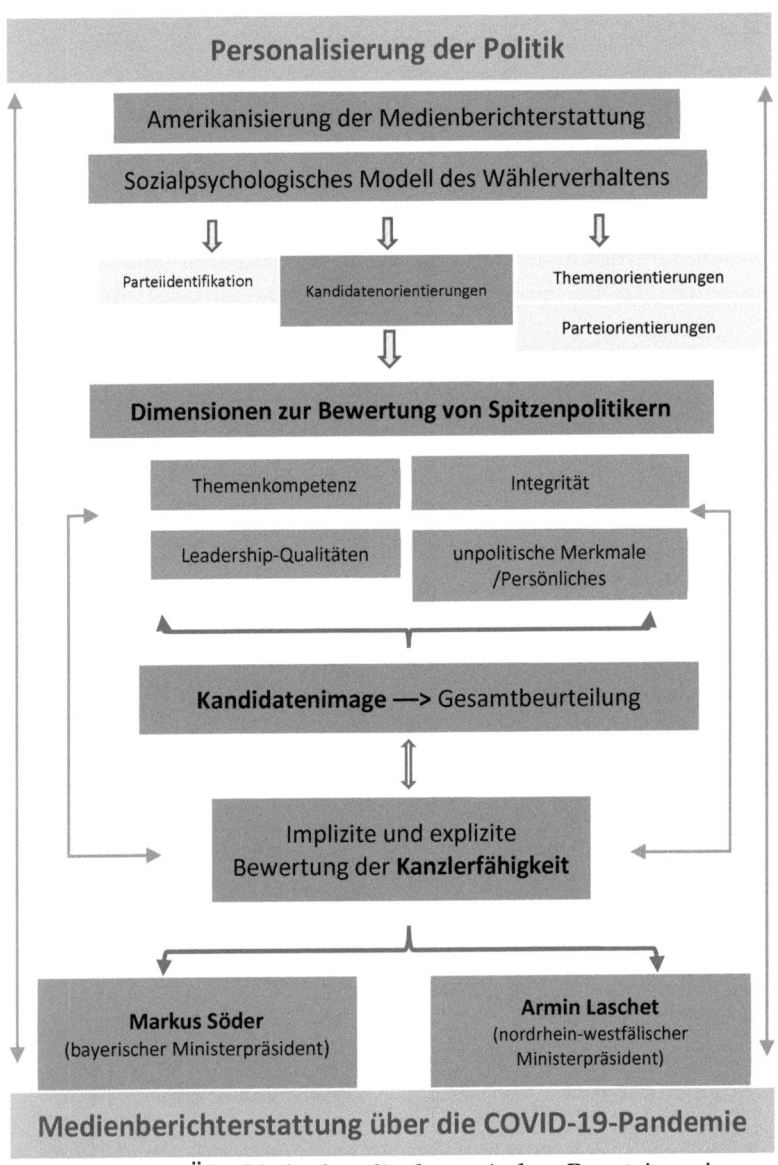

Abbildung 2: Überblick über die theoretischen Bausteine: eigene Darstellung

Auf Basis der theoretischen Überlegungen ergeben sich für die vorliegende Arbeit somit zwei übergeordnete Forschungsfragen.

Der erste Block der Forschungsfragen befasst sich dabei zunächst mit der Rolle der Kanzlerfähigkeit in der untersuchten Berichterstattung sowie zeitlichen Besonderheiten und dem expliziten Auftauchen der Diskussion über die Kanzlerfähigkeit:

FF1: Welche Rolle spielt die Kanzlerfähigkeit der Politiker Markus Söder und Armin Laschet in der Medienberichterstattung über die COVID-19-Pandemie?

FF1a: Welche Dimensionen zur Bewertung von Spitzenpolitikern finden sich in der Medienberichterstattung wieder?

FF1b: Inwiefern hat sich die Gewichtung der Dimensionen im Untersuchungszeitraum verändert?

FF1c: Wann tauchte explizit die Diskussion über die Kanzlerfähigkeit in der Medienberichterstattung auf?

Die Frage nach Einflüssen auf die Kanzlerfähigkeit und nach Aspekten, an denen diese festgemacht wird, wird im zweiten Block der Forschungsfragen behandelt. Hierbei wird einerseits die Bewertung der relevanten Dimensionen in einen Zusammenhang mit der Bewertung der Kanzlerfähigkeit gesetzt. Andererseits werden Gemeinsamkeiten und Unterschiede im Hinblick auf die Bewertung der Kanzlerfähigkeit von Armin Laschet und Markus Söder aufgezeigt.

FF2: An welchen Aspekten wird diese Kanzlerfähigkeit festgemacht?

FF2a: Auf welchen Dimensionen basiert die Bewertung der Kanzlerfähigkeit?

FF2b: Welche Gemeinsamkeiten und Unterschiede finden sich in der Medienberichterstattung zwischen Markus Söder und Armin Laschet im Hinblick auf ihre Kanzlerfähigkeit wieder?

Bevor die Untersuchung und Beantwortung der Forschungsfragen erfolgt, wird im nächsten Kapitel zunächst das methodische Vorgehen der vorliegenden Untersuchung dargestellt.

# 5 Methodisches Vorgehen

Im vorliegenden Teil wird das methodische Vorgehen der Arbeit beschrieben. Mittels einer standardisierten quantitativen Medieninhaltsanalyse soll die Frage nach der Rolle der Kanzlerfähigkeit der Politiker Markus Söder und Armin Laschet in der Presseberichterstattung über die COVID-19-Pandemie behandelt werden. Vor allem im Bereich der politischen Kommunikation gilt die Inhaltsanalyse als essenziell, weshalb sie eine geeignete Methode für die Untersuchung des vorliegenden Forschungsinteresses darstellt (Brosius, Haas, & Koschel, 2016, S. 147). Bei der Medieninhaltsanalyse geht es nicht darum, einzelne Botschaften tiefgehend zu interpretieren, sondern darum, auf systematische Weise eine Vielzahl von Botschaften zu analysieren (Rössler, 2017, S. 17). Sie „reduziert die Komplexität der Berichterstattung, indem sie deren zentrale Muster herausarbeitet" (Rössler, 2017, S. 18). Es wird zunächst auf den Untersuchungsgegenstand und den Zeitraum der Untersuchung eingegangen und in einem nächsten Schritt die Stichprobe beschrieben. Im Anschluss daran werden das Codebuch und die Kategorienbildung erklärt und abschließend die Reliabilität des Messinstruments sowie die Ergebnisse des Pretests dargestellt.

## 5.1 Untersuchungsanlage und Erhebung

Dieses Kapitel beschreibt die Untersuchungsanlage der vorliegenden Arbeit und widmet sich insbesondere dem Untersuchungsmaterial, der Analyseeinheit und dem Untersuchungszeitraum.

### Untersuchungsmaterial

Der Untersuchung zugrunde liegt die Presseberichterstattung über die COVID-19-Pandemie in Deutschland. Das zu untersuchende Erkenntnisinteresse ist die Frage nach der Rolle der Kanzlerfähigkeit der Politiker Markus Söder und Armin Laschet im Zuge der besagten Berichterstattung. Bei der gewählten Auswahleinheit handelt es sich um die überregionalen Tages- beziehungsweise

Abonnementzeitungen *Frankfurter Allgemeine Zeitung (FAZ)* und *Die Welt* sowie das wöchentlich erscheinende Nachrichtenmagazin *Der Spiegel*. Die Tageszeitungen *Frankfurter Allgemeine Zeitung* und *Die Welt* werden beide dem konservativ-liberalen Spektrum zugeordnet (Leidecker & Wilke, 2015, S. 166). Es kann deshalb davon ausgegangen werden, dass beide Zeitungen eine ähnliche Linie hinsichtlich der Darstellung und Bewertung der beiden Unionspolitiker Markus Söder und Armin Laschet verfolgen. *Der Spiegel* wird der politischen Wochenpresse zugeordnet (Beck, 2012, S. 343). Alle drei Zeitungen gelten als wichtige Orientierungsmedien für Journalisten, wobei *Der Spiegel* hierbei als besonders relevant angesehen wird (Weischenberg, Malik, & Scholl, 2006, S. 359).

Es wurden vorab keine Ressorts und Formate festgelegt. Gefiltert wurden die Beiträge in den jeweiligen Online-Archiven der Zeitungen, die durch die Universität Hohenheim zugänglich sind. Es wurden im ersten Schritt die Suchbegriffe „Söder Corona", „Laschet Corona" sowie „Söder Laschet Corona" eingegeben. Da die Bezeichnung „COVID-19" erfahrungsgemäß nicht so gängig ist wie diverse umgangssprachliche Bezeichnungen rund und den Begriff „Corona", wurde sich bei der Sucheingabe auf Letzteres beschränkt.

In einem zweiten Schritt wurden einige in die Suchergebnisse gefallene Beiträge ausgeschlossen. Hierzu zählt jede Art von Interview, sowohl mit den Politikern Markus Söder und Armin Laschet als auch mit anderen Politikern oder Personen des öffentlichen Lebens. Der Ausschluss von Interviews wird damit begründet, dass der Fokus der vorliegenden Arbeit auf Berichten, Reportagen, Kommentaren und Ähnlichem liegen soll. Ausgeschlossen wurden außerdem Leserkommentare und andere in die Suchergebnisse gefallene Beiträge ohne Relevanz, wie beispielsweise reine Inhaltsverzeichnisse oder Beiträge, in denen der Name „Söder" zwar fällt, er sich jedoch nicht auf Markus Söder, sondern eine andere Person (zum Beispiel: Toni Söderholm) bezieht. Außerdem werden Bilder und mögliche zugehörige Bildunterschriften bei der Untersuchung nicht berücksichtigt. Das hat vor allem den Grund, dass lediglich die archivierten Beiträge aus der *FAZ* Bilder und deren

Unterschriften darstellen. Sämtliche Dokumente aus dem *Spiegel* und der *Welt* sind ohne Bilder im Archiv zu finden. Es wurden zu einem etwas späteren Zeitpunkt außerdem einige weitere Artikel ausgeschlossen, die in der ersten Sichtung des Materials nicht aufgefallen waren. Es handelt sich dabei beispielsweise um Artikel der Rubrik „Briefe an die Herausgeber" aus der *FAZ* sowie Artikel, in denen Markus Söder oder Armin Laschet lediglich in einer Bildunterschrift erwähnt werden. In die Stichprobe fallen insgesamt 493 Artikel. Davon stammen 260 aus der *Frankfurter Allgemeinen Zeitung*, 176 aus der Tageszeitung *Die Welt* und 57 aus dem Nachrichtenmagazin *Der Spiegel*.

## Analyseeinheit

Die Analyseeinheit bilden die einzelnen Beiträge aus den genannten Medien. Printmedien und insbesondere Tageszeitungen gelten als das für Inhaltsanalysen am besten geeignete Untersuchungsmaterial (Rössler, 2017, S. 65). Das liegt nicht zuletzt an ihrer guten Zugänglichkeit, da sie von Bibliotheken und anderen Einrichtungen wie zum Beispiel Universitäten archiviert werden und somit noch sehr lange zur Verfügung stehen. Außerdem wird mit einer Tageszeitung eine aktuelle und differenzierte Berichterstattung verbunden, die eine hohe Reichweite hat (Rössler, 2017, S. 65). An dieser Stelle soll außerdem betont werden, das gesamte Untersuchungsmaterial auf Artikelebene codiert wird, um einen umfassenden Gesamteindruck zu ermitteln.

## Untersuchungszeitraum

Untersucht wird der Zeitraum zwischen dem 11. März 2020 und dem 31. Juli 2020. Der Beginn der Untersuchung mit Beiträgen vom 11. März wird damit begründet, dass die Infektionskrankheit COVID-19 an diesem Tag durch die Weltgesundheitsorganisation (WHO) als Pandemie eingestuft wurde (WHO-Regionalbüro für Europa, 2020, o. S.). Aufgrund der niedrigeren Infektionszahlen in den Sommermonaten und dem vermutlich damit verbundenen Abklingen der intensiven Berichterstattung wurde beschlossen, den letzten Tag des Monats Juli als Ende des Zeitraums der Untersuchung festzulegen. Außerdem kommen forschungspragmatische Gründe hinzu, die den Einbezug eines größeren Untersuchungszeitraums verhindern. Sämtliche Artikel wurden archiviert und liegen in Form von PDF-Dokumenten in Anhang 5 der vorliegenden Arbeit vor.

## 5.2 Kategorienbildung und Codebuch

Das Kernstück jeder inhaltsanalytischen Studie ist das Codebuch. Dessen Erarbeitung gilt als eine wesentliche Aufgabe der Medieninhaltsanalyse. Es beinhaltet zum einen Informationen über das zu untersuchende Material und zum anderen Regeln und Anweisungen für die Codierer. Es muss ausführlich und gut verständlich sein, damit alle Codierer einen genauen Überblick über die Untersuchungsanalage haben und wissen, was sie zu tun haben (Rössler, 2017, S. 95; Brosius et al., 2016, S. 157). Das wohl wichtigste Element des Codebuchs stellt das Kategoriensystem dar, das die Summe aller Kategorien beschreibt und genau erklärt, mittels welcher Kriterien codiert werden soll. Dies geschieht in der Regel vom Allgemeinen zum Spezifischen (Rössler, 2017, S. 100, 279). Die Kategorien wurden grob in *Formale Kategorien, Allgemeine inhaltliche Kategorien* und *Spezifische inhaltliche Kategorien* eingeteilt. Im Folgenden wird das Kategoriensystem genauer betrachtet und vorgestellt. Das gesamte Codebuch befindet sich in Anhang 1 der vorliegenden Arbeit.

Die Kategorienbildung erfolgte zum großen Teil deduktiv, wurde also von den zuvor vorgestellten theoretischen Bausteinen abgeleitet. Einige Kategorien wurden erst nach Sichtung des Materials induktiv ergänzt, wie beispielsweise die Kategorien der offenen Textvariablen sowie die Kategorien zu den Urhebern der vorwiegend negativen und positiven Aussagen.

### Formale Kategorien

Bei der Erhebung formaler Codiereinheiten geht es darum, klar ersichtliche Sachverhalte zu fixieren, die anhand von weniger komplexen Kategorien zu Beginn der Codierung einer Analyseeinheit erhoben werden (Rössler, 2017, S. 111; Brosius et al., 2016, S. 155–156). Dazu zählen zunächst die *Codierer-ID,* die *Beitrags-ID,* das *Medium* und die *Überschrift* des Beitrags. Diese Kategorien sind für eine sofortige Wiederkennung der Untersuchungseinheit relevant. Die Kategorie *Erscheinungsdatum* wird in Kalenderwochen (KW) angegeben und ist vor allem relevant für die Beantwortung derjenigen Unterforschungsfragen, die sich mit Aspekten im Hinblick auf den Zeitverlauf beschäftigen. Weitere formale Kategorien sind der *Umfang des Beitrags,* die *Darstellungsform* sowie der *Urheber des Beitrags.* Diese Kategorien liefern genaue Informationen über die formale Beschaffenheit der einzelnen Beiträge (Brosius et al., 2016, S. 155–156).

## Allgemeine inhaltliche Kategorien

Das Hauptaugenmerk dieser Inhaltsanalyse liegt auf der inhaltlichen Dimension der untersuchten Medienberichte. Die allgemeinen inhaltlichen Kategorien bilden einen wesentlich spezifischeren Teil des Kategorienschemas als die zuvor erwähnten formalen Kategorien. Die für die vorliegende Studie verwendeten Kategorien *Fokus auf die COVID-19-Pandemie, Art des Bezugs zur COVID-19-Pandemie* sowie *andere Themen* befassen sich mit der groben inhaltlichen Thematik des Beitrags. Es wird gemessen, ob ein geringer, mittlerer oder starker Fokus auf die COVID-19-Pandemie vorliegt, der Bezug zu COVID-19 direkt oder indirekt ist und mögliche andere Themen stichpunktartig eingetragen. Letzteres dient einer bei Bedarf durchgeführten zusätzlichen qualitativen Sichtung des Materials. Mittels der Variablen *Akteur* wird gefiltert, ob nur Markus Söder, nur Armin Laschet oder beide im jeweiligen Beitrag genannt werden und dementsprechend die Codierung fortgesetzt. Es wird unterschieden zwischen den Hauptkategorien *Allgemeine inhaltliche Kategorien zu Markus Söder* und *Allgemeine inhaltliche Kategorien zu Armin Laschet.* Ausgehend von dem zuvor ermittelten dargestellten *Akteur* werden entweder nur die *Allgemeinen inhaltliche Kategorien zu Markus Söder* oder nur die *Allgemeinen inhaltliche Kategorien zu Armin Laschet* oder beide codiert. Die nicht codierte Hauptkategorie wird dementsprechend ausgelassen beziehungsweise übersprungen. Die folgenden Kategorien wurden zum Teil in Anlehnung an verwendete Kategorien aus einer Studie von Leidecker und Wilke (2016, S. 206–208) erstellt und beziehen sich je nach codiertem *Akteur* auf Markus Söder, Armin Laschet oder beide. Die besagte Hauptkategorie enthält zunächst die Variablen *Anzahl der Nennungen*, die *Intensität des Bezugs* sowie die *Zitierung*. Diese Kategorien sollen den allgemeinen Grad der Aufmerksamkeit messen, den Markus Söder in der Berichterstattung erfährt. Die Kategorie *Vorwiegender Tenor der Darstellung* soll eine Gesamteinschätzung der Tendenz der Darstellung von Markus Söder beziehungsweise Armin Laschet oder beiden in der jeweiligen Analyseeinheit liefern. Es wird in Anlehnung an Kindelmann (1994, S. 203) hierfür eine Skala mit den Ausprägungen *vorwiegend negativ (Angriff, Kritik)*, *vorwiegend positiv (Bestätigung, Unterstützung)*, *gemischt positiv und negativ* sowie *keine erkennbar negative oder positive Bewertung* herangezogen. Letztere Kategorie zählt zwar zu den wertenden Kategorien, wird aber in diesem Kontext den allgemeinen inhaltlichen Kategorien zugeordnet. Dies wird damit begründet, dass es dabei um einen Gesamteindruck geht, der nicht abhängig ist von den in den spezifischen inhaltlichen Kategorien aufgeführten Bewertungsdimensionen.

## Spezifische inhaltliche Kategorien

Die für die vorliegende Arbeit relevantesten Kategorien sind die spezifischen inhaltlichen oder wertenden Kategorien. Nur durch sie ist hinsichtlich der vorliegenden Untersuchung eine vollständige Beantwortung der Forschungsfragen möglich (Rössler, 2017, S. 153–154). Voraussetzung für die Codierung der spezifischen inhaltlichen Kategorien ist das Vorhandensein von entweder mindestens einem expliziten Bezug zur Kanzlerfähigkeit zu einem der beiden Politiker oder beiden gemeinsam. Ebenfalls fortgesetzt wird die Codierung, wenn mindestens ein Bezug zu einer der vier Dimensionen zur Bewertung von Spitzenkandidaten vorhanden ist. Die folgenden Kategorien wurden in Anlehnung an Brettschneider (2002a, S. 143–144) formuliert. Dazu zählen die *Themenkompetenz*, die *Leadership-Qualitäten*, die *Integrität* sowie die *unpolitischen Merkmale*. In Abhängigkeit zum zuvor ermittelten Akteur werden anschließend die Hauptkategorien *Dimensionen zur Bewertung von Spitzenpolitikern – Markus Söder, Dimensionen zur Bewertung von Spitzenpolitikern – Armin Laschet* oder *beide* bearbeitet. Die im Folgenden beschriebenen Dimensionen zur Bewertung von Spitzenpolitikern werden alle nach demselben Schema bearbeitet. Es wird zunächst eine – bei Vorhandensein der Dimension – Bewertung vorgenommen, anschließend der zugehörige Urheber codiert und bei Bedarf in einer offenen Textvariablen stichpunktartig Auffälligkeiten notiert. Diese offenen Textkategorien werden deshalb angewandt, um bei Bedarf im Nachgang eine qualitative Sichtung des Materials vorzunehmen.

Bei der ersten der vier Kategorien hinsichtlich der Dimensionen handelt es sich um die *Bewertung der Themenkompetenz*. Diese beschreibt die Fähigkeit eines Politikers, wichtige Themen und Sachverhalte mit einem guten Konzept lösen zu können (vgl. Kapitel 2.5.1). Im Falle einer (vorwiegend) negativen oder (vorwiegend) positiven Bewertung der Themenkompetenz wird wie bereits erwähnt der jeweilige Urheber der Aussage codiert. An dieser Stelle soll noch einmal betont werden, dass das gesamte Untersuchungsmaterial auf Artikelebene codiert wird, um einen möglichst umfassenden Gesamtüberblick zu bekommen. Die Kategorien zum *Urheber der (vorwiegend) negativen Aussage(n)* sowie *Urheber der (vorwiegend) positiven Aussagen* im jeweiligen Beitrag beziehen sich auf die zuvor codierte jeweilige negative oder positive Tendenz der Aussagen. Ziel der Arbeit ist es, bei Bedarf die Urheber einer Aussage zusammenfassend darzustellen.

Die Kategorie *Bewertung der Leadership-Qualitäten* erfolgt anhand von möglichen Bezügen zur Führungsstärke, Tatkraft oder Entscheidungsfähigkeit des Politikers (vgl. Kapitel 2.5.2). Bei Vorhandensein einer (vorwiegend) negativen oder (vorwiegend) positiven Bewertung folgt auch hier die Identifikation des *Urhebers der (vorwiegend) positiven* oder der *(vorwiegend) negativen Bewertung*. Außerdem werden *auffällige Nennungen* als offene Textvariablen in die jeweilige Zelle eingetragen.

Hinsichtlich der Kategorie *Bewertung der Integrität* kann ein Politiker mit viel Integrität als ehrlich, politisch vertrauenswürdig oder nicht korrupt bezeichnet werden, einer mit wenig oder keiner Integrität als betrügerisch, verlogen, unehrlich, korrupt oder verdorben (vgl. Kapitel 2.5.3). Im Falle eines vorhandenen (vorwiegend) positiv oder (vorwiegend) negativ bewerteten Bezugs zur Integrität werden auch hier die *Urheber der (vorwiegend) positiven oder (vorwiegend) negativen Aussagen* identifiziert sowie mögliche *auffällige Nennungen* eingetragen.

Die letzte der vier Bewertungsdimensionen – die *unpolitischen Merkmale oder Persönliches* – weist zusätzlich zu den bereits erläuterten Kategorien zur Bewertung, den Urhebern und den Nennungen auch die Variablen *Herkunft, Alter, Religionszugehörigkeit* und *Aussehen* auf (vgl. Kapitel 2.5.4). Diese vier Variablen sind jeweils dichotom mit den Ausprägungen *wird nicht erwähnt* und *wird erwähnt* zu codieren. Auch hier werden, wie bei den anderen Dimensionen, bei Bedarf die *Urheber der (vorwiegend) positiven oder (vorwiegend) negativen Aussagen* identifiziert sowie *auffällige Nennungen* festgehalten.

Alle Dimensionen zur Bewertung der beiden Politiker werden mithilfe einer Skalierung mit fünf Ausprägungen codiert. Dazu gehören die Merkmale *wird nicht angesprochen, vorwiegend negativ, ausgewogen (gemischt positiv und negativ), vorwiegend positiv* sowie *keine erkennbar negative oder positive Bewertung*. Eine fünfstufige Skala ohne genauere Abstufungen der positiven beziehungsweise negativen Bewertungen erscheint in diesem Fall sinnvoll, da sie möglichen Unsicherheiten bei der Codierung vorbeugt. Die Urheber der (vorwiegend) positiv oder (vorwiegend) negativ bewerteten Aussagen werden mittels einer nominalen Skala mit sieben Ausprägungen codiert: *Urheber des Beitrags, Markus Söder, Armin Laschet, Andere zitierte Politiker, Sonstige, Verschiedene Urheber vorhanden* sowie *nicht zuzuordnen*. Die Ausprägung *Verschiedene Urheber* gilt für den Fall, dass mehrere Aussagen von unterschiedlichen Urhebern stammen. Die Kategorien *Urheber der (vorwiegend) positiven Aussagen* sowie *Urheber der (vorwiegend) negativen Aussagen* wurden so konzipiert, dass es darum geht, die Aussagen zusammenfassend im Hinblick auf den Urheber zu codieren. Für den Fall, dass es innerhalb eines

Beitrags mehrere verschiedene Urheber zu positiven und negativen Aussagen gibt, wird die Ausprägung *Verschiedene Urheber vorhanden* codiert. Handelt es sich bei einem Urheber beispielsweise um die Zitierung von Umfrageergebnissen, zählt dies zur Ausprägung *Sonstige*.

Die Codierung der zuvor erläuterten vier Bewertungsdimensionen Themenkompetenz, Leadership-Qualitäten, Integrität sowie die unpolitischen Merkmale/ Persönliches hat zum Ziel, implizite Bezüge zu einer möglichen Kanzlerfähigkeit der Politiker Markus Söder und Armin Laschet zu erkennen und zu bewerten. Der letzte und vermutlich wichtigste Teil des Kategoriensystems befasst sich mit der Codierung von spezifischen inhaltlichen Kategorien, die sich mit *expliziten Bezügen zur Kanzlerfähigkeit* der beiden Politiker beschäftigen. Eine genaue Definition zur impliziten sowie expliziten Kanzlerfähigkeit im Kontext der vorliegenden Arbeit befindet sich in Kapitel 2.6 des theoretischen Teils. Durch eine Filtervariable wird zunächst herausgefunden, ob ein *expliziter Bezug zur Kanzlerfähigkeit in Bezug auf Markus Söder, Armin Laschet* oder *beide* vorhanden ist. Falls dies nicht der Fall ist, wird die Codierung der jeweiligen Analyseeinheit an dieser Stelle beendet. Falls mindestens eine explizite Erwähnung vorliegt, werden die Kategorien *Anzahl der expliziten Erwähnungen* sowie *Bewertung der Kanzlerfähigkeit* in Abhängigkeit des zuvor codierten Politikers bearbeitet und wie bei den Bewertungsdimensionen bei Bedarf auch der *Urheber der (vorwiegend) negativen* oder *(vorwiegend) positiven Bewertungen* erfasst. Eine offene Textvariable bietet Raum für *auffällige Nennungen in Bezug auf die Kanzlerfähigkeit*.

Eine abschließende Filtervariable fragt nach einem möglichen *Vergleich zwischen Markus Söder und Armin Laschet in Bezug auf die Kanzlerfähigkeit*. Ist ein solcher vorhanden, wird die Codierung noch nicht beendet und die abschließenden Kategorien *Anzahl der expliziten Vergleiche zwischen Markus Söder und Armin Laschet, Urheber der Aussage über den expliziten Vergleich* sowie *Bewertung des Vergleichs* bearbeitet. Letztere Kategorie meint die Frage danach, welcher der beiden Politiker im Vergleich als derjenige mit der größeren

Kanzlerfähigkeit dargestellt wird. Auch hier können *Nennungen in Bezug auf den Vergleich der Kanzlerfähigkeit* festgehalten werden. In einem letzten Schritt vor der Erhebung wurde mit dem Programm Excel das fertig erarbeitete Kategoriensystem in ein generiertes Codesheet (vgl. Anhang 3) eingetragen. Das Kategoriensystem bildet die Grundlage für jedes Codesheet (Feiks, 2016, S. 63).

## 5.3 Reliabilität und Pretest

Um sicherzustellen, dass das Messinstrument – in diesem Fall das Codebuch – bei beliebiger Wiederholung immer dieselben Ergebnisse liefert, wurde es im Vorfeld auf seine Reliabilität beziehungsweise Zuverlässigkeit geprüft. Dieser Vorgang ist deshalb wichtig, da die Methode das Ziel hat, intersubjektiv nachvollziehbar zu sein. Wenn das Messinstrument bei beliebiger Wiederholung der Messung immer dasselbe Ergebnis darlegt, wird die Messung als zuverlässig angesehen (Brosius et al., 2016, S. 51; Früh, 2015, S. 116; Rössler, 2017, S. 205–207). Es gibt verschiedene Typen von Reliabilität. Für die vorliegende Studie ist vor allem die Intercoder-Reliabilität wichtig, bei der paarweise die Codierungen zweier Codierer miteinander verglichen werden. Die Intracoder-Reliabilität setzt eine erneute Codierung des Materials in zeitlichem Abstand voraus, welche aufgrund der knappen zeitlichen Kapazitäten bereits nach drei Wochen erfolgen musste (Früh, 2015, S. 116).

Zur Prüfung der Intercoder-Reliabilität wurde im Vorfeld der Hauptstudie ein Pretest durchgeführt. Unter Berücksichtigung der im Codebuch festgehaltenen Regeln wurden mit drei Codierern 30 zufällig gewählte Beiträge codiert. Für die Ermittlung des Reliabilitätskoeffizienten wurde das sehr weit verbreitete „Überschneidungsmaß nach Holsti" (Rössler, 2017, S. 212) verwendet.[1] Die Formel wurde für jede einzelne Kategorie und für jede Kombination aus den Codierer-Paaren per Hand berechnet (Rössler, 2017, S. 212).

---

[1] Die genaue Formel lautet: $C_R = 2 * C_Ü / (C_A + C_B)$. Dabei meint $C_R$ den Reliabilitätskoeffizienten der Codierung, $C_Ü$ die Zahl übereinstimmender Codierungen, $C_A$ die Zahl der Codierungen von Codierer A und $C_B$ jene von Codierer B (Rössler, 2017, S. 212).

Das Ergebnis deutet mit einem Reliabilitätskoeffizienten von .87 (nach Holsti) auf eine zufriedenstellende Reliabilität hin (Rössler, 2017, S. 213). Betrachtet man die Kategorien gesammelt im Hinblick auf ihre Zugehörigkeiten, ergibt sich für die formalen Kategorien ein Gesamtwert von .98 und für die allgemeinen inhaltlichen Kategorien ein Koeffizient von .95 (nach Holsti). Die mit einem Koeffizienten von .81 etwas höheren Abweichungen bei den spezifischen inhaltlichen Kategorien sind nicht verwunderlich, da diese Art von Kategorien vor allem aufgrund ihrer Bewertungsskalen eine deutliche höhere Komplexität aufweisen als beispielsweise formale Kategorien. Bei diesen sollte eine annähernd hundertprozentige Übereinstimmung der Codierungen erreicht werden (Rössler, 2017, S. 214). Die offenen Textvariablen, wie zum Beispiel *Auffällige Nennungen zur Themenkompetenz von Markus Söder*, wurden im Pretest nicht berücksichtigt, da sie aufgrund ihres Formats nicht miteinander verglichen werden können. Außerdem konnten sie nicht in statistische Berechnungen mit aufgenommen werden, sondern wurden bei Bedarf stichprobenartig auf qualitative Weise zur Diskussion und Interpretation der Ergebnisse herangezogen.

Aufgrund der alleinigen Codierung des Analysematerials durch die Verfasserin der vorliegenden Arbeit wurde mit einem kleinen zeitlichen Abstand auch die Intracoder-Reliabilität erhoben. Hierfür wurden die im ersten Pretest bereits codierten 30 Artikel nach etwa drei Wochen erneut codiert. Es zeigt sich ein zufriedenstellender Wert von .93 (nach Holsti). Während die formalen Kategorien sowie die allgemeinen inhaltlichen Kategorien wie zu erwarten mit einem Wert von .98 bei einer nahezu hundertprozentigen Übereinstimmung liegen, weisen die komplexen spezifischen inhaltlichen Kategorien einen Wert von .91 (nach Holsti) auf.

Nach Durchführung des Pretests wurden vor Beginn der Hauptstudie einige kleine Änderungen im Codebuch durchgeführt, mit dem Ziel, es zu optimieren. Eine wichtige Änderung wurde in der ersten Filtervariablen vorgenommen: Die Frage nach *vorhandenen Bewertungsdimensionen* wurde um die Frage nach dem *Vorhandensein von expliziten Bezügen zur Kanzlerfähigkeit* ergänzt. Dies wird damit begründet, dass einige wenige Artikel zwar explizite Bezüge zur Kanzlerfähigkeit aufweisen, jedoch keine impliziten, welche durch die vier Bewertungsdimensionen erhoben werden.

Die größten Unsicherheiten waren bei den Dimensionen zur Bewertung von Spitzenpolitikern zu finden. Vor allem die Trennung der Dimensionen *Themenkompetenz* und *Leadership-Qualitäten* erwies sich anfangs teilweise als etwas schwierig. Vor allem aus diesem Grund wurde eine Liste mit relevanten Adjektiven und Signalwörtern erstellt (vgl. Tabelle 1), um die Zuordnung zu erleichtern. Diese Adjektive und Signalwörter stammen aus Quellen, die in Kapitel 2 bereits erwähnt wurden. Außerdem wurde eine zuvor gemachte Aufteilung der Dimension *Themenkompetenz* in *Bewertung der Themenkompetenz im Hinblick auf die COVID-19-Pandemie* und *Bewertung der Themenkompetenz im Hinblick auf andere Themen* rückgängig gemacht, da sich diese Trennung als redundant erwies.

# 6 Präsentation der Ergebnisse

Das folgende Kapitel dient der Präsentation der Ergebnisse der durchgeführten Studie. Nach einer kurzen Beschreibung der Stichprobe sollen die Forschungsfragen anhand der aus der Analyse hervorgegangenen Daten beantwortet werden.

## 6.1 Beschreibung der Stichprobe

Hinsichtlich der Verteilung der insgesamt 493 Beiträge auf die Zeitungen *Frankfurter Allgemeine Zeitung, Der Spiegel* sowie *Die Welt* lässt sich eine eindeutige Tendenz erkennen: Mit insgesamt 260 Beiträgen entfallen mehr als die Hälfte aller Artikel auf die *Frankfurter Allgemeine Zeitung,* was einem Anteil von 52,7 Prozent (%) entspricht. Auf die Tageszeitung *Die Welt* entfallen 176 Beiträge (entspricht 35,7 %). *Der Spiegel* liefert 57 Beiträge, was einen Anteil von 11,6 % im Hinblick auf die Gesamtanzahl darstellt. Hinsichtlich des Zeitverlaufs der Untersuchung, welcher mit dem 11.03.2020 in Kalenderwoche (KW) 11 beginnt und mit dem 31.07.2020 in KW 31 endet, fällt eine deutlich erhöhte Anzahl an Beiträgen in der ersten Hälfte des Untersuchungszeitraums im Vergleich zu dessen Ende hin auf (vgl. Abbildung 3). Die meisten der in die Stichprobe fallenden Beiträge stammen aus KW 12 (40 Beiträge), KW 16 (46 Beiträge) und KW 17 (48 Beiträge), am wenigsten aus KW 24 mit nur sechs Beiträgen. Mit Beginn der KW 25 lässt sich ein erneuter Anstieg an Beiträgen feststellen, welcher mit Ende der KW 27 wieder abflacht. Es handelt sich dabei um die Wochen zwischen dem 15.06.2020 und dem 03.07.2020.

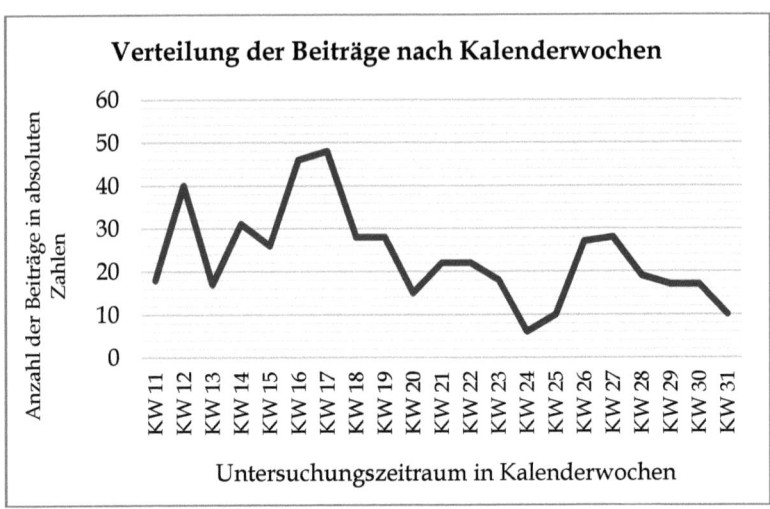

Abbildung 3: Verteilung der Beiträge nach Kalenderwochen: eigene Darstellung

Ebenfalls interessant und erwähnenswert ist die Verteilung der Beiträge im Hinblick auf die Erwähnung von Markus Söder alleine, Armin Laschet alleine oder beide zusammen (vgl. Abbildung 4). Am mit Abstand häufigsten wird in 255 Fällen (51,5 %) nur der bayerische Ministerpräsident thematisiert, gefolgt von 143 Artikeln (29,2 %), die beide Politiker behandeln. In lediglich 95 Beiträgen (19,3 %) kommt ausschließlich der nordrhein-westfälische Ministerpräsident vor.

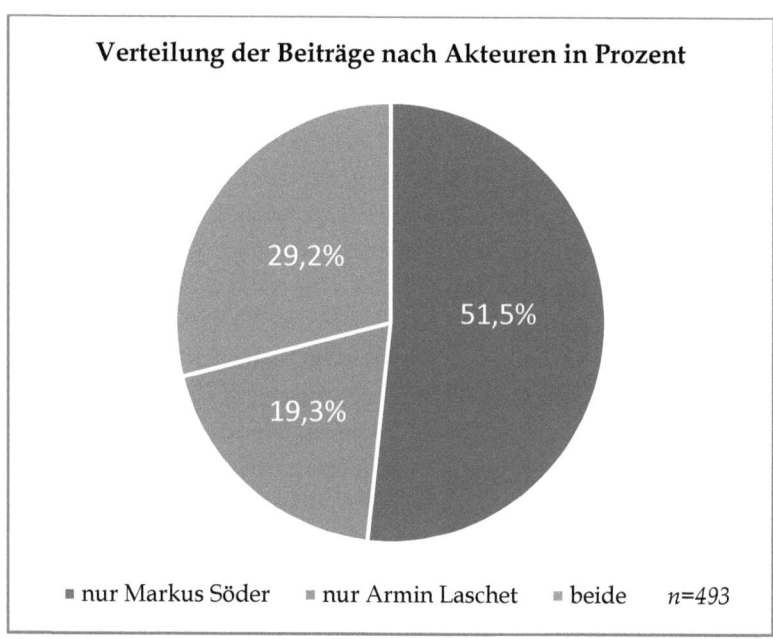

Abbildung 4: Verteilung der Beiträge nach Akteuren: eigene Darstellung

Die Mehrheit der Beiträge ist von mittlerer Länge (42,6 %), einen großen Umfang verzeichnen 34,9 % der Artikel. Die wenigsten Artikel sind von kleinem Umfang (22,5 %)[2]. Hinsichtlich der Darstellungsform lässt sich ein recht gleichmäßig aufgeteiltes Gesamtbild erkennen. Es handelt sich in 39,4 % der Fälle um Reportagen oder Ähnliches, zu 36,3 % um Nachrichten oder Ähnliches und zu 24,3 % um Kommentare oder Ähnliches.

Die Analyse der Urheber der Beiträge zeigt ein deutliches Ergebnis. In 89,5 % der Fälle handelt es sich um einen Urheber aus der Kategorie Journalist, Redaktion oder Herausgeber. Jeweils knapp 1 % entfallen auf Beiträge von Nachrichtenagenturen und Gästen. Bei 7,9 % der Artikel war eine Zuordnung zu einem Urheber nicht möglich, da jeglicher Hinweis hierzu fehlte.

---

[2] Detailliertere Informationen zu den einzelnen Codes und ihren Ausprägungen befinden sich im Codebuch in Anhang 1 der vorliegenden Arbeit.

Um einen Eindruck zu bekommen, wie tiefgreifend die einzelnen Beiträge die COVID-19-Pandemie thematisieren und welche Art von Fokus sie auf diese werfen, wurden die Variablen *Fokus auf die COVID-19-Pandemie* und *Bezug zur COVID-19-Pandemie* entwickelt. In 55 % der Fälle ist der Fokus auf die Pandemie gering, in 27,2 % mittelmäßig und in lediglich 17,8 % stark ausgeprägt. Das bedeutet, dass in den meisten Fällen auch andere Themen betrachtet werden und die COVID-19-Pandemie nur am Rande thematisiert wird. Im Hinblick auf den Bezug zur COVID-19-Pandemie wurde herausgefunden, dass dieser in 90 % der Fälle indirekt und in 10 % der Fälle direkt ausfällt. Das bedeutet, dass Informationen zu Statistiken wie beispielsweise Todeszahlen oder aktuelle Neuinfektionen in den meisten Fällen nicht thematisiert werden.

Bei Betrachtung der Ergebnisse zu den *Allgemeinen inhaltlichen Kategorien zu Markus Söder* fällt zunächst auf, dass dieser in den insgesamt 398 Artikeln, in denen er thematisiert wird, pro Artikel durchschnittlich fast viermal genannt wird ($n = 398$, $M = 3.58$, $SD = 7.67$). An dieser Stelle soll erwähnt werden, dass unter eine Nennung neben dem jeweiligen Namen beispielsweise auch Bezeichnungen wie zum Beispiel „CSU-Vorsitzender" oder „bayerischer Ministerpräsident" fallen. Hinsichtlich der Art des Bezugs lässt sich eine eindeutige Tendenz feststellen. In 82,4 % der Artikel über Markus Söder ist der Bezug zu dem Politiker schwach, das heißt, er kommt in nicht mehr als einem Viertel des jeweiligen Beitrags vor. In 8,5 % der Fälle ist der Bezug mittel und mit einem Anteil von genau 9,0 % handelt es sich ähnlich oft um einen starken Bezug. Dieser existiert, wenn der Fokus auf Markus Söder in mehr als der Hälfte des Artikels liegt. Bei Betrachtung der Ergebnisse zur Kategorie *Anzahl der Zitierung von Markus Söder* kann festgehalten werden, dass im Schnitt einmal pro Artikel ein direktes Zitat des Politikers vorliegt ($n = 398$, $M = 1.04$, $SD = 2.51$).

Hinsichtlich der Ergebnisse zur Kategorie *Vorwiegender Tenor der Darstellung von Markus Söder* fällt zunächst auf, dass in 67,6 % der Fälle keine erkennbar positive oder negative Bewertung des Politikers vorliegt. In 18,6 % der relevanten Artikel ist der Tenor vorwiegend positiv, in nur 7,3 % der Fälle vorwiegend negativ und zu

6,5 % gemischt positiv und negativ. Es kann also festgehalten werden, dass – im Falle einer erkennbaren Bewertung – Markus Söder vorwiegend positiv dargestellt wird.

Wie bereits erwähnt, wird der Politiker Armin Laschet im Vergleich zu Markus Söder in deutlich geringerem Maße in der untersuchten Berichterstattung thematisiert. In insgesamt 239 Beiträgen kommt er entweder alleine oder zusammen mit Markus Söder vor. Armin Laschet wird pro relevanten Beitrag im Durchschnitt etwas öfter als viermal genannt ($n$ = 239, $M$ = 4.36, $SD$ = 7.44). Die Intensität des Bezugs ist ähnlich wie bei Markus Söder mit einem Anteil von 78,2 % am häufigsten schwach ausgeprägt. In 12,1 % ist er mittelmäßig und in 9,6 % der Fälle stark ausgeprägt. Das bedeutet für beide Politiker, dass in den meisten Beiträgen der Fokus nicht auf ihnen selbst liegt, sondern eher auf anderen Themen.

Auch hinsichtlich der Zitierung von Armin Laschet werden Parallelen zu Markus Söder ersichtlich. Er wird im Schnitt ebenfalls etwa einmal pro relevanten Beitrag zitiert ($n$ = 239, $M$ = 1.11, $SD$ = 2.14). Bei Betrachtung der Ergebnisse zum *vorwiegenden Tenor der Darstellung von Armin Laschet* lässt sich eine interessante Feststellung machen. Ebenso wie bei Markus Söder ist mit einem Anteil von 66,1 % die Mehrheit der Beiträge ihm gegenüber von nicht erkennbar negativer oder positiver Bewertungstendenz. Er wird jedoch anders als der bayerische Ministerpräsident im Falle einer erkennbaren Bewertung mit einem Anteil von 18,4 % zumeist tendenziell negativ dargestellt. Nur 7,1 % der relevanten Beiträge weisen einen eher positiven Tenor auf und 8,4 % einen gemischt positiven und negativen. Einen anschaulichen Vergleich liefert hierzu Abbildung 5.

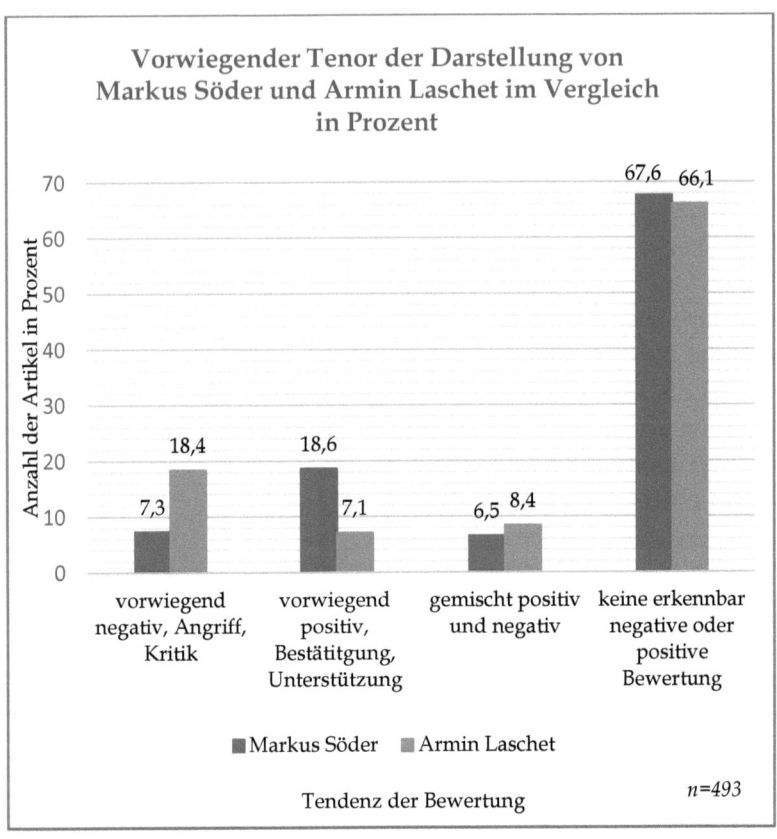

Abbildung 5: Vorwiegender Tenor der Darstellung von Markus Söder und Armin Laschet im Vergleich: eigene Darstellung

Bevor die Präsentation der Ergebnisse zur Beantwortung der Forschungsfragen erfolgt, soll noch ein Blick auf die Verteilung der Filtervariablen *Bewertungsdimension vorhanden* geworfen werden. Diese Variable diente nach dem Codieren der formalen und allgemeinen inhaltlichen Kategorien dazu, zu filtern, welche Kategorien im Anschluss codiert werden sollten oder ob die Codierung an dieser Stelle abgeschlossen werden sollte. Das Ergebnis zeigt, dass in fast genau der Hälfte der Artikel (49,9 %) mindestens ein Bezug zur Kanzlerfähigkeit in Form einer der vier Bewertungsdimensionen oder eines expliziten Bezugs der Kanzlerfähigkeit zu finden ist. In 50,1 % der Fälle existiert kein Bezug. Es wurden demnach 246 Artikel auf ihre spezifischen inhaltlichen Kategorien überprüft.

## 6.2 Die Rolle der Kanzlerfähigkeit in der Berichterstattung

Im Hinblick auf die Beantwortung der Forschungsfragen soll zunächst festgehalten werden, dass die beiden übergeordneten Forschungsfragen auf zwei verschiedene Aspekte abzielen. Forschungsfrage 1 (*FF1*), inklusive ihrer untergeordneten Fragen (*FF1a, FF1b & FF1c*), adressiert zunächst die Frage nach der Rolle der Kanzlerfähigkeit sowie interessante zeitliche Besonderheiten in der untersuchten Berichterstattung. Etwas tiefergehender beschäftigt sich Forschungsfrage 2 (*FF2*), inklusive ihrer Unterfragen (*FF2a & FF2b*), zum einen mit den Aspekten, auf denen die Bewertung der Kanzlerfähigkeit basiert. Zum anderen befasst sie sich mit Gemeinsamkeiten und Unterschieden zwischen Markus Söder und Armin Laschet in Bezug auf ihre Kanzlerfähigkeit.

### Dimensionen zur Bewertung von Spitzenkandidaten in der Presseberichterstattung

Die erste übergeordnete Forschungsfrage beschäftigt sich mit der Rolle der Kanzlerfähigkeit der Politiker Markus Söder und Armin Laschet in der Berichterstattung über die COVID-19-Pandemie. Sie wird unterteilt in drei untergeordnete Forschungsfragen. *FF1a* fragt nach dem Vorhandensein der Dimensionen zur Bewertung von Spitzenpolitikern in der Medienberichterstattung. Nach Auswertung des Materials lässt sich diesbezüglich eine klare Feststellung machen. Die im theoretischen Teil der Arbeit ausführlich erläuterten Dimensionen Themenkompetenz, Leadership-Qualitäten, Integrität und unpolitische Merkmale/Persönliches finden ausnahmslos Anwendung im untersuchten Material. Insgesamt wurde ein absoluter Wert von 441 Bewertungen anhand der Dimensionen festgestellt. Es muss an dieser Stelle darauf hingewiesen werden, dass dieser Wert nicht identisch ist mit der Anzahl der Artikel, in denen Bewertungsdimensionen vorzufinden sind. Das liegt an dem einfachen Grund, dass in einem Beitrag mehr als eine Dimension vorkommen und zur Bewertung des jeweiligen Politikers verwendet werden kann.

Betrachtet man die vier Bewertungsdimensionen im Hinblick auf ihre Häufigkeiten, fällt auf, dass die Leadership-Qualitäten der beiden Politiker mit Abstand am häufigsten zur Bewertung herangezogen werden (vgl. Abbildung 6). Dies geschieht in insgesamt 46,8 % der Fälle. Ebenfalls häufig Anwendung findet die Bewertung der Themenkompetenz. Diese wird in 26,3 % der relevanten Fälle bewertet. Hiervon entfallen 50,9 % der Bewertungen auf Markus Söder und 49,1 % auf Armin Laschet. Die Integrität der beiden Politiker wird insgesamt am seltensten bewertet. In lediglich 12,2 % der Bewertungen wird diese berücksichtigt. Davon wird zu 70,4 % Markus Söder bewertet und zu 29,6 % Armin Laschet. Etwas häufiger werden die beiden Politiker in 14,7 % der Gesamtanzahl anhand ihrer unpolitischen Merkmale bewertet. Armin Laschet wird dabei zu 33,8 % anhand dieser Dimension bewertet, Markus Söder zu 66,2 %. Das entspricht einer absoluten Anzahl von 22 beziehungsweise 43 Bewertungen.

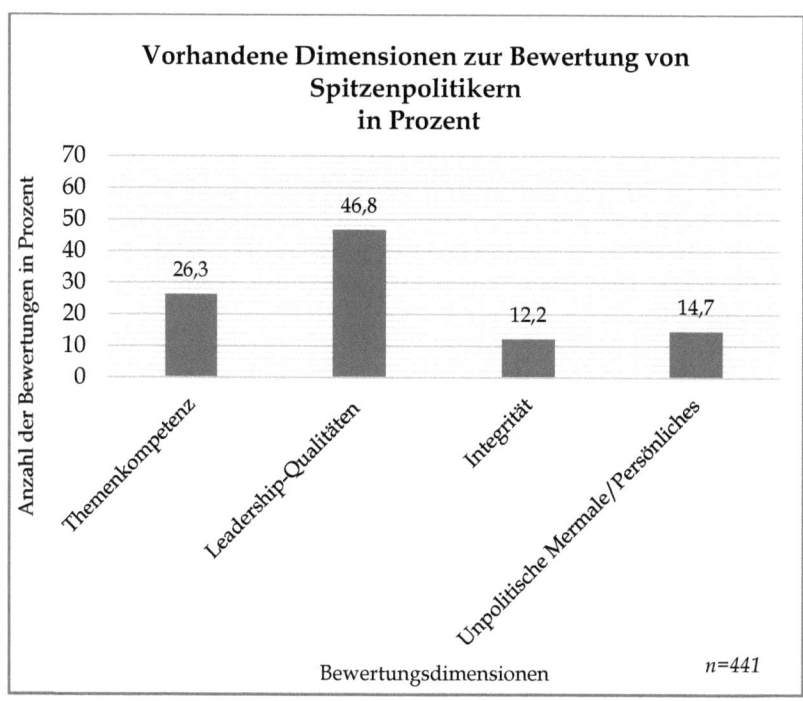

Abbildung 6: Vorhandene Dimensionen zur Bewertung von Spitzenpolitikern: eigene Darstellung

Es lässt sich also zusammenfassend sagen, dass zwar alle Dimensionen in der untersuchten Berichterstattung Verwendung finden, die Leadership-Qualitäten jedoch mit Abstand am häufigsten zur Bewertung herangezogen werden. Auch die Themenkompetenz ist ein recht häufig auftretendes Kriterium zur Bewertung. Die Integrität und die unpolitischen Merkmale scheinen bei der Bewertung der Politiker eine eher untergeordnete Rolle zu spielen.

## Veränderungen der Gewichtung der Dimensionen im Zeitverlauf

Die zweite untergeordnete Forschungsfrage (FF1b) geht der Frage nach, inwiefern sich die Gewichtung der Dimensionen im Untersuchungszeitraum verändert hat. Zur Veranschaulichung der

Ergebnisse wurden zwei Abbildungen erstellt, in denen pro Politiker alle vier Bewertungsdimensionen im Zeitverlauf dargestellt werden (vgl. Abbildungen 7 und 8). Hierbei ist die Tendenz der Bewertung nicht relevant, es geht um das Gesamtbild. Wichtig ist zu erwähnen, dass in die Darstellung ausschließlich Werte miteinfließen, die eine vorwiegend negative, vorwiegend positive, ausgewogene oder nicht erkennbar positive oder negative Bewertung beinhalten. Der Zeitverlauf wurde im Vorfeld in Kalenderwochen eingeteilt.

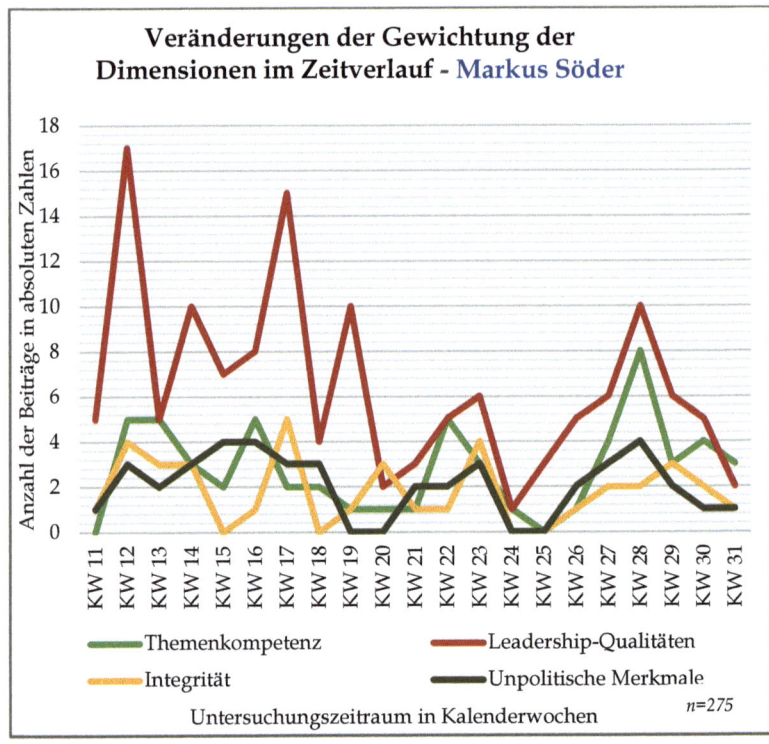

Abbildung 7: Veränderungen der Gewichtung der Dimensionen im Zeitverlauf – Markus Söder: eigene Darstellung

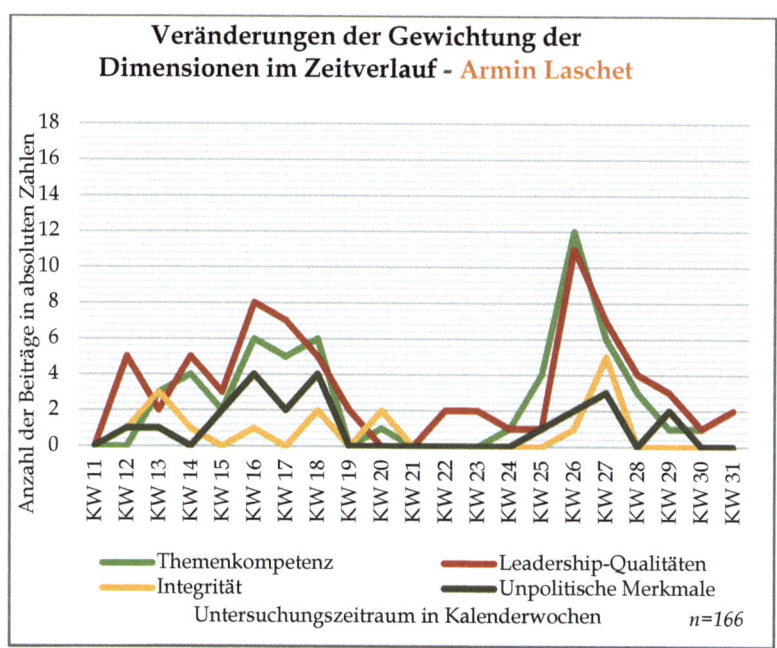

Abbildung 8: Veränderungen der Gewichtung der Dimensionen
im Zeitverlauf – Armin Laschet: eigene Darstellung

Bei Betrachtung des Zeitverlaufs im Hinblick auf den bayerischen Ministerpräsidenten wird die Dominanz der Bewertungen anhand der Leadership-Qualitäten bestätigt. Während des gesamten Untersuchungszeitraums werden diese bis auf einzelne Ausnahmen am häufigsten bewertet. Der Höhepunkt findet dabei in KW 12 statt, also am Anfang des Untersuchungszeitraums. Auch in KW 17 liegt der Anteil weit oben, fällt in KW 18 kurzzeitig und steigt in KW 19 erneut. Zwischen KW 20 und KW 25 zeigt sich ähnlich wie bei den anderen Dimensionen eine niedrigere Rate. Ein weiterer Peak findet in KW 28 statt, danach sinken bei allen Dimensionen die Werte bis zum Ende des Untersuchungszeitraums.

Die Themenkompetenz verläuft im Vergleich zu den Leadership-Qualitäten etwas gleichmäßiger. Zu Beginn der Untersuchung steigt sie an. In KW 12, 13, 16 und 22 zeigt sie vergleichsweise höhere Zahlen. Ihren Höhepunkt mit acht Bewertungen hat sie gegen Ende des Untersuchungszeitraums in KW 28. Danach fällt die Kurve wieder. Wie bereits erwähnt, sind die Integrität sowie die unpolitischen Merkmale in der untersuchten Berichterstattung vergleichsweise unterrepräsentiert. Die Verläufe sind einander recht ähnlich und ohne auffällige Peaks. So überschreitet die Anzahl der Bewertungen der unpolitischen Merkmale in keiner Woche den Wert von vier. In den Kalenderwochen 19, 20, 24 und 25 wurde keine einzige Bewertung anhand dieser Dimension gefunden. Bei der Integrität liegt der höchste Wert in KW 17 bei fünf Bewertungen. Im Vergleich dazu werden die Leadership-Qualitäten in KW 12 in 17 Beiträgen bewertet, was die Dominanz dieser Dimension nochmals bestätigt. Zu betonen ist die geringe Fallzahl an Bewertungen anhand der Integrität und der unpolitischen Merkmale.

Im Vergleich zu den soeben dargestellten Werten in Bezug auf Markus Söder, fällt bei der Darstellung der Veränderungen der Gewichtung der Dimensionen von Armin Laschet zunächst die wesentlich geringere Fallzahl auf. Die Leadership-Qualitäten unterscheiden sich in ihrem Vorkommen zwar meist von den anderen Dimensionen, es herrscht aber im Allgemeinen ein eher gleichmäßigeres Bild vor. Die Kurve der Leadership-Qualitäten ähnelt vor allem gegen Ende des Zeitraums sehr stark jener der Themenkompetenz. Ein auffälliger Peak dieser beiden Dimensionen wird in KW 26 deutlich. Dort liegen zwölf Bewertungen zur Themenkompetenz vor sowie elf zu den Leadership-Qualitäten von Armin Laschet. Bewertungen zur Integrität und den unpolitischen Merkmalen sind wie bereits zuvor erläutert in sehr geringem Ausmaß vorhanden. Die Anzahl der Artikel mit einer vorhandenen Bewertung der Integrität liegt insgesamt bei einem Wert von nur sieben Beiträgen, bei den unpolitischen Merkmalen mit 15 Artikeln etwas darüber. Bei den unpolitischen Merkmalen findet zu Beginn der Untersuchung ein kleiner Anstieg statt, der jedoch rasch abflacht und zwischen KW 19 und 24 sogar bei null liegt. Gegen Ende der Untersuchung steigt die Kurve der Werte für die Integrität in KW 27 auf ihren bis dato höchsten Wert.

Zusammenfassend kann also betont werden, dass die Bewertung der Leadership-Qualitäten die mit Abstand wichtigste

Dimension darstellt und vor allem bei Markus Söder den Untersuchungszeitraum dominiert. Der bayerische Ministerpräsident wird vor allem zu Beginn der Untersuchung anhand dieser Dimension sehr häufig bewertet. Die Kurve zeigt zwar ein Auf und Ab, bleibt aber durchgehend die dominante Dimension. Alle weiteren Dimensionen werden ebenfalls berücksichtigt, zeigen aber deutlich niedrigere Werte. Armin Laschet wird anhand seiner Leadership-Qualitäten sowie seiner Themenkompetenz am häufigsten zu Beginn und gegen Ende der Untersuchung bewertet. Zwischen KW 24 und KW 26 wird die Anzahl der Bewertungen anhand der Leadership-Qualitäten sogar von denjenigen der Themenkompetenz überholt. Die Dimensionen Integrität und unpolitische Merkmale spielen im gesamten Untersuchungszeitraum keine entscheidende Rolle. Bei beiden Politikern treten sie konstant maximal fünfmal pro Kalenderwoche auf. Bei Armin Laschet überschreitet außerdem keine der Dimensionen in der Mitte des Untersuchungszeitraums zwischen KW 19 und KW 24 den Wert von zwei.

## Die Diskussion über die Kanzlerfähigkeit

Bei der Frage nach dem expliziten Auftauchen der Diskussion über die Kanzlerfähigkeit in der Medienberichterstattung (*FF1c*), lohnt sich ebenfalls ein Blick auf den Zeitverlauf. Zunächst kann festgehalten werden, dass in insgesamt 96 Artikeln ein expliziter Bezug zur Kanzlerfähigkeit vorzufinden ist. Dies entspricht einem Anteil von 19,5% an der Gesamtzahl der Artikel. Es weisen also rund ein Fünftel der Beiträge einen expliziten Bezug zur Kanzlerfähigkeit auf, was die Relevanz des Forschungsinteresses in jedem Fall unterstreicht. Es soll an dieser Stelle erneut darauf hingewiesen werden, dass ein expliziter Bezug zur Kanzlerfähigkeit nicht zwangsläufig mit einer Bewertung anhand der vier Dimensionen einhergeht. Letztere wird im Kontext der vorliegenden Arbeit als implizit verstanden.

In der Darstellung des Zeitverlaufs (vgl. Abbildung 9) wird unterschieden zwischen expliziten Bezügen zu Markus Söder, zu Armin Laschet oder zu beiden gemeinsam. Interessant ist in diesem Fall zunächst die Tatsache, dass in exakt 50 % der Fälle ein expliziter Bezug zu beiden Politikern vorhanden ist. In 29,2 % der Fälle liegt ein ausschließlicher Bezug zu Armin Laschet vor; in 20,8 % der Fälle ein Bezug zu Markus Söder.

Bei Betrachtung der drei Verläufe kann festgestellt werden, dass die Diskussion in allen drei Varianten ein stetiges Auf und Ab darstellt und an manchen Stellen Peaks aufweist. Außerdem fällt auf, dass beim nordrhein-westfälischen Ministerpräsidenten zu Beginn der Untersuchung im Vergleich zu seinem bayerischen Amtskollegen häufiger explizite Bezüge zu seiner Kanzlerfähigkeit auftreten. Der Höhepunkt an expliziten Bezügen zur Kanzlerfähigkeit von Armin Laschet liegt in KW 26. Gegen Ende des Untersuchungszeitraums gibt es vor allem ab KW 27 eine steigende Anzahl an Bezügen zu Markus Söder im Vergleich zu Armin Laschet. Die häufigsten Bezüge finden sich in KW 28 mit einem Wert von sieben in Bezug auf beide Politiker.

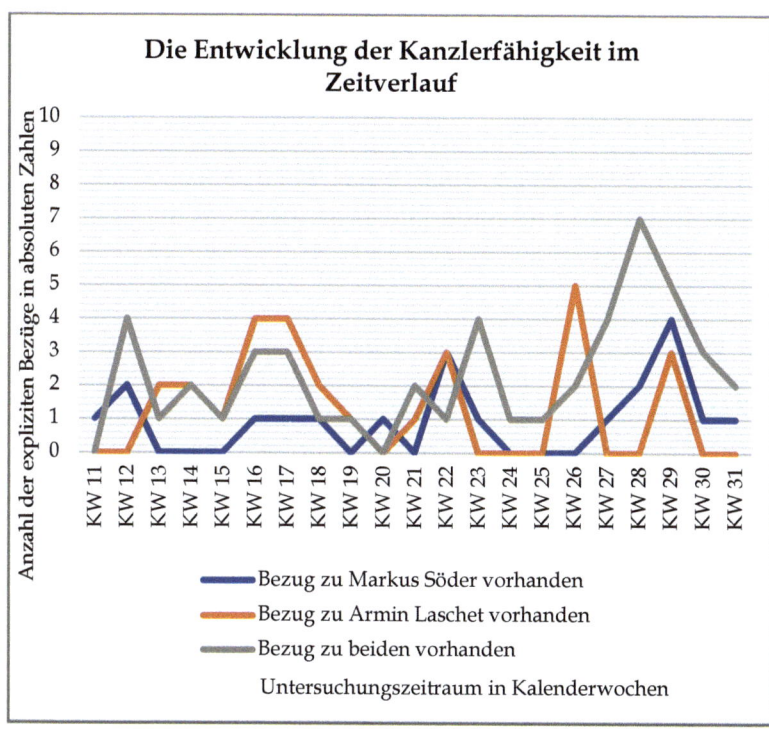

Abbildung 9: Die Entwicklung der Kanzlerfähigkeit im Zeitverlauf: eigene Darstellung

Zusammenfassend kann also festgehalten werden, dass während des gesamten Untersuchungszeitraums explizite Bezüge zur Kanzlerfähigkeit zu finden sind. Während es sich am Anfang der Untersuchung eher um explizite Bezüge zur Kanzlerfähigkeit von Armin Laschet oder beiden handelt, zeigt sich gegen Ende des Zeitraums eine Dominanz an Bezügen zu beiden sowie einer erhöhten Anzahl an Bezügen zu Markus Söder.

## 6.3 Einflüsse auf die Kanzlerfähigkeit

Die übergeordnete Forschungsfrage des zweiten Teils der vorliegenden Ergebnisdarstellung fragt nach den Aspekten, an denen die Kanzlerfähigkeit der Politiker Markus Söder und Armin Laschet festgemacht wird. Hierbei werden zunächst die Ergebnisse hinsichtlich der Frage nach den Dimensionen, auf denen die Bewertung der Kanzlerfähigkeit basiert, präsentiert.

## Die Bewertung der Kanzlerfähigkeit im Zusammenhang mit den Dimensionen

Die Zusammenhänge zwischen der Bewertung der Kanzlerfähigkeit und der Bewertung der vier Dimensionen im Einzelnen wurden in Abhängigkeit zu beiden Politikern separat überprüft (vgl. Tabelle 2). Die Zusammenhänge wurden für alle vier Dimensionen in Abhängigkeit zu Markus Söder beziehungsweise Armin Laschet mittels Chi$^2$-Tests durchgeführt. An dieser Stelle wurde auf die Prüfung der genauen Zusammenhänge der einzelnen Bewertungstendenzen verzichtet, da lediglich das Gesamtbild der einzelnen Dimensionen relevant für die Beantwortung der Forschungsfrage ist.

Markus Söder wird in 79,0 % der Artikel, in denen seine Kanzlerfähigkeit bewertet wird, auch anhand seiner Leadership-Qualitäten bewertet. Die Prüfung des Zusammenhangs mittels einer Kontingenzanalyse zeigt einen signifikanten Zusammenhang zwischen der Bewertung der Kanzlerfähigkeit und der Bewertung der Leadership-Qualitäten von Markus Söder ($\chi^2(9) = 23.567, p = .005$). Die Stärke des Zusammenhangs ist mittelmäßig stark ausgeprägt (Cramers V = .400, $p = .005$). Da der Test aufgrund seiner niedrigen Zellhäufigkeiten (>20 % sind unter fünf) nicht aussagekräftig ist, wurde der exakte Test nach Fisher zusätzlich durchgeführt. Dieser bestätigt die Signifikanz des Zusammenhangs ($p = .014$). Die Bewertung seiner Themenkompetenz geschieht in lediglich 27,4 % der Fälle, in denen auch seine Kanzlerfähigkeit bewertet wird. Dieser Zusammenhang ist nicht signifikant, wie Tabelle 2 genauer zeigt. Bei Betrachtung der Werte zur Integrität fällt ein Anteil von 24,2 % auf. Die unpolitischen Merkmale werden in 33,9 % der Fälle, in denen seine Kanzlerfähigkeit bewertet wird, ebenfalls bewertet. Auch diese beiden Dimensionen hängen nicht signifikant mit der Bewertung der Kanzlerfähigkeit zusammen.

**Tabelle 2: Kennwerte der Kontingenzanalyse zum Zusammenhang zwischen den Bewertungsdimensionen und der Bewertung der Kanzlerfähigkeit**

| Bewertungsdimension | Bewertung der Kanzlerfähigkeit | $\chi^2$-Wert | df | Asymptotische Signifikanz (p-Wert) | Exakte Signifikanz (Fisher) | Cramers V |
|---|---|---|---|---|---|---|
| **Themenkompetenz** Markus Söder | Gesamt | 5.355[a] | 3 | .148 | .350 | .561 |
| **Leadership-Qualitäten** Markus Söder | Gesamt | 23.567[a] | 9 | .005 | .014 | **.400*** |
| **Integrität** Markus Söder | Gesamt | 3.250[a] | 6 | .777 | .799 | .329 |
| **Unpolitische Merkmale** Markus Söder | Gesamt | 14.538[a] | 9 | .104 | .137 | .480 |
| **Themenkompetenz** Armin Laschet | Gesamt | 25.375[a] | 9 | .003 | <.001 | **.540*** |
| **Leadership-Qualitäten** Armin Laschet | Gesamt | 26.078[a] | 9 | .002 | <.001 | **.444*** |
| **Integrität** Armin Laschet | Gesamt | 3.938[a] | 1 | .047 | .143 | **.750*** |
| **Unpolitische Merkmale** Armin Laschet | Gesamt | 5.255[a] | 6 | .512 | .557 | .419 |

[a] > 20% der Zellen haben die erwartete Anzahl von < 5. Daher ist der Test nicht aussagekräftig. Es wurde der exakte Test nach Fisher angefordert.
*p-Wert für Cramers V ist <.05

Die Bewertung der Themenkompetenz von Armin Laschet geschieht in 42,0 % der Fälle im selben Zuge wie die Bewertung seiner Kanzlerfähigkeit. Die Kontingenzanalyse hierzu zeigt zunächst einen signifikanten Zusammenhang ($\chi^2(9)$ = 25.375, $p$ = .003). Der Zusammenhang ist außerdem stark (Cramers V = .540, $p$ = .003). Dieser aufgrund der zu niedrigen Zellhäufigkeiten nicht aussagekräftige Test wurde um den exakten Test nach Fisher ergänzt, welcher ein hochsignifikantes Ergebnis liefert ($p$ < .001). Auch die Prüfung des Zusammenhangs zwischen der Bewertung Leadership-Qualitäten von Armin Laschet und jener seiner Kanzlerfähigkeit liefert ein signifikantes Ergebnis ($\chi^2(9)$ = 26.078, $p$ = .002) sowie einen mittelmäßig starken Zusammenhang (Cramers V = .444, $p$ = .002). Der exakte Test nach Fisher bestätigt dies mit einem hochsignifikanten Ergebnis ($p$ < .001). Die Leadership-Qualitäten von Armin Laschet werden zu 63,8 % auch bewertet, wenn seine Kanzlerfähigkeit beurteilt wird. Seine Integrität wird in 10,1 % der Fälle im selben Zuge wie seine Kanzlerfähigkeit bewertet. Der Chi²-Test liefert einen signifikanten Zusammenhang der beiden Variablen ($\chi^2(1)$ = 3.938, $p$ = .047), welcher außerdem stark ist (Cramers V = .750, $p$ = .047). Aufgrund der zu niedrigen Zellhäufigkeiten ist der Test jedoch nicht aussagekräftig. Der exakte Test nach Fisher konnte den signifikanten Zusammenhang nicht bestätigen ($p$ = .143). Die unpolitischen Merkmale werden in 21,7 % der Fälle bewertet, wenn eine Bewertung der Kanzlerfähigkeit vorliegt. Der Zusammenhang ist, wie Tabelle 2 zeigt, hierbei nicht signifikant.

Es lässt sich also zusammenfassend feststellen, dass die Bewertung der Kanzlerfähigkeit bei beiden Politikern in erster Linie auf der Bewertung ihrer Leadership-Qualitäten basiert. Das zeigen sowohl die Häufigkeitsverteilungen als auch die Ergebnisse der Kontingenzanalysen. Bei Armin Laschet kommt außerdem die Themenkompetenz hinzu, anhand derer er ebenfalls häufig bewertet wird. Diese liefert außerdem ebenfalls einen signifikanten Zusammenhang zur Bewertung der Kanzlerfähigkeit. Die Dimensionen Integrität und unpolitische Merkmale kommen zwar vor, spielen aber eine eher untergeordnete Rolle, wenn es um die Bewertung der Kanzlerfähigkeit geht.

Aufgrund der Tatsache, dass die Leadership-Qualitäten der Politiker den Ergebnissen zufolge die wichtigste Dimension zur Bewertung der Kanzlerfähigkeit darstellen, sollen die Tendenzen der Bewertung der Leadership-Qualitäten für Markus Söder (vgl. Abbildung 10) und Armin Laschet (vgl. Abbildung 11) im Folgenden genauer betrachtet werden. Außerdem soll ein Blick auf die Bewertung der Themenkompetenz von Armin Laschet im Zeitverlauf geworfen werden (vgl. Abbildung 12), da sie ein ebenfalls wichtiges Element zur Beurteilung seiner Kanzlerfähigkeit darstellt.

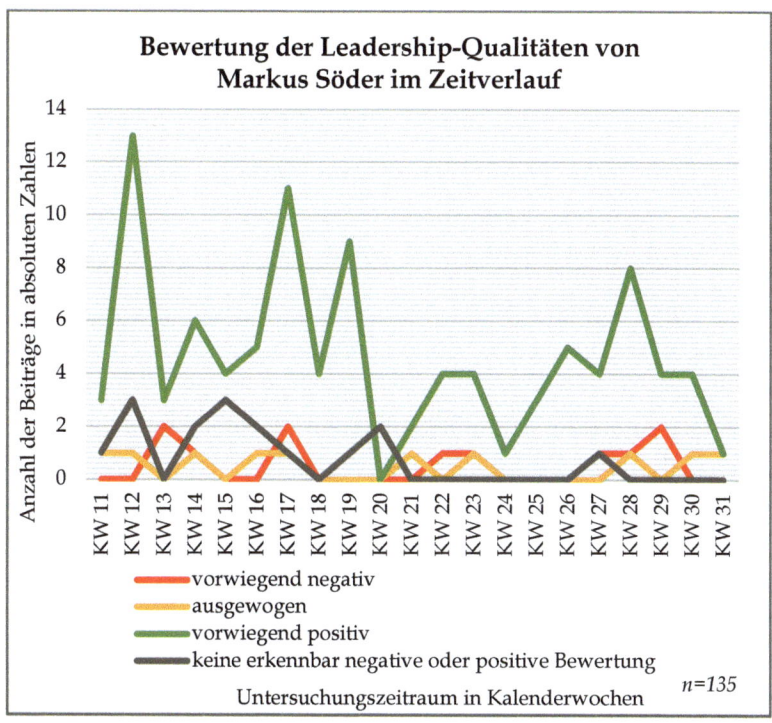

Abbildung 10: Bewertung der Leadership-Qualitäten von Markus Söder im Zeitverlauf: eigene Darstellung

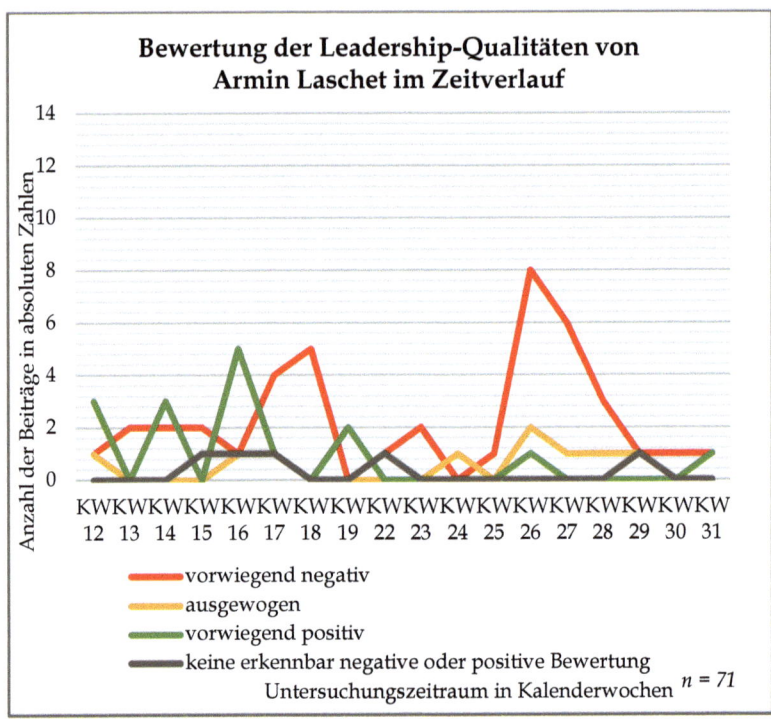

Abbildung 11: Bewertung der Leadership-Qualitäten von Armin Laschet im Zeitverlauf: eigene Darstellung

Bei Betrachtung des Verlaufs zur Bewertung der Leadership-Qualitäten von Markus Söder zeigt sich eine deutliche Dominanz an positiven Bewertungen im Hinblick auf seine Leadership-Qualitäten. Vor allem zu Beginn der Untersuchung liegt der Wert hoch. Bis auf KW 20, in welcher ausschließlich nicht erkennbar negative oder positive Bewertungen vorliegen, ist der Großteil der Bewertungen mit einem Anteil von 72,6 % positiv. Lediglich 8,1 % der Fälle weisen eine vorwiegend negative Beurteilung auf, 7,4 % sind ausgewogen und 11,9 % nicht erkennbar positiv oder negativ. Bei Betrachtung des Verlaufs der Bewertung der Leadership-Qualitäten von Armin Laschet im Vergleich muss zunächst die deutlich geringere absolute Anzahl an Artikeln betont werden. Während es bei Söder 135 Bewertungen sind, liegt die Zahl der Bewertungen bei

Armin Laschet mit 71 Artikeln deutlich darunter. Trotzdem wird die Dominanz der negativen Bewertungen schnell deutlich. Während zu Beginn der Untersuchung auch einige positive Aspekte betont werden, gibt es den ersten Peak an negativen Kommentaren in KW 17 und KW 18, der Höhepunkt zeigt sich jedoch in KW 26. Positive Bewertungen bleiben nach KW 19 vorwiegend aus, ebenso wie ausgewogen beurteilte Bewertungen. Insgesamt liegt der Anteil der vorwiegend negativen Bewertungen bei dieser Dimension bei 57,7 %. In 22,5 % der Fälle wird Armin Laschet vorwiegend positiv bewertet, in 12,7 % der Fälle ausgewogen. Der Anteil der nicht erkennbar negativen oder positiven Bewertungen liegt bei 7,0 %.

Ein sehr interessantes Bild zeigt sich bei Betrachtung des Verlaufs der Bewertung der Themenkompetenz von Armin Laschet. Die Bewertung dieser hält sich zu Beginn der Untersuchung bis KW 16 die Waage, dort sind sogar mehr positive als negative Beiträge zu finden. Ein erster Höhepunkt an negativen Bewertungen anhand der Themenkompetenz geschieht in KW 17 und 18, anschließend fallen die Werte wieder. In der Mitte des Untersuchungszeitraums finden fast keine Bewertungen des Politikers anhand seiner Themenkompetenz statt. Ab KW 24 steigt die Kurve der negativen Bewertungen rasant an. Ihren Höhepunkt hat sie in KW 26 mit insgesamt zwölf Beiträgen, in denen die Themenkompetenz von Armin Laschet als vorwiegend negativ bewertet wird. Danach sinkt die Kurve gegen Ende des Zeitraums wieder ab. Insgesamt wird der nordrhein-westfälische Ministerpräsident in 63,2 % aller Fälle vorwiegend negativ bewertet und in lediglich 21,1 % vorwiegend positiv. 10, 5 % der relevanten Beiträge weisen keine erkennbar negative oder positive Bewertung auf und 5,3 % sind ausgewogen.

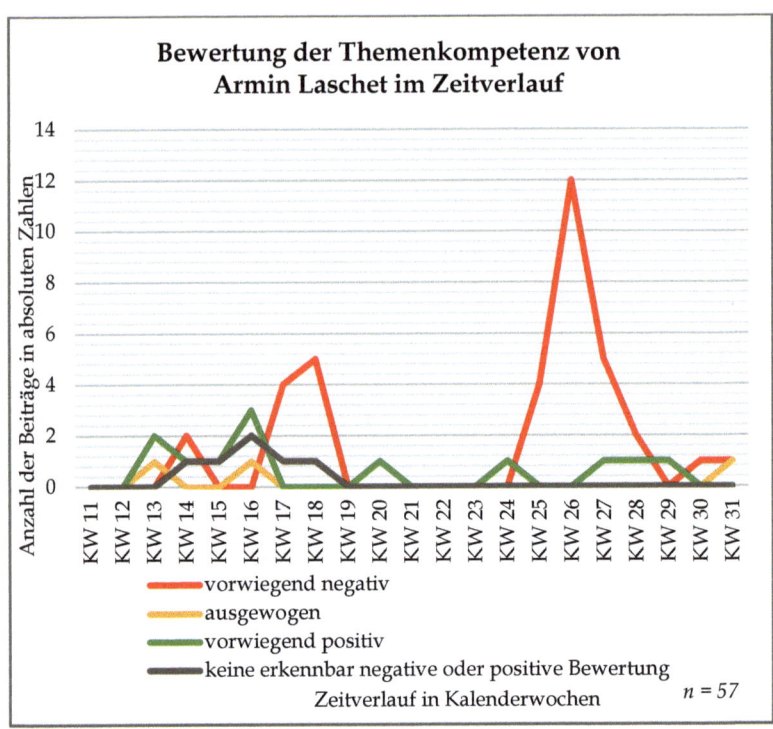

Abbildung 12: Bewertung der Themenkompetenz von Armin Laschet im Zeitverlauf: eigene Darstellung

Es konnten zunächst die Tendenzen der Bewertungen der beiden Politiker anhand ihrer Leadership-Qualitäten im Zeitverlauf aufgezeigt werden. Auch die Bewertung der Themenkompetenz von Armin Laschet lieferte interessante Erkenntnisse. Die folgenden Abbildungen stellen eine Zusammenschau der Bewertungstendenzen im Hinblick auf die relevanten Dimensionen im Vergleich zu den Bewertungstendenzen hinsichtlich der Kanzlerfähigkeit der beiden Politiker dar. Im Anschluss werden die Ergebnisse im Hinblick auf die Bewertung der Kanzlerfähigkeit beider Politiker im Detail vorgestellt.

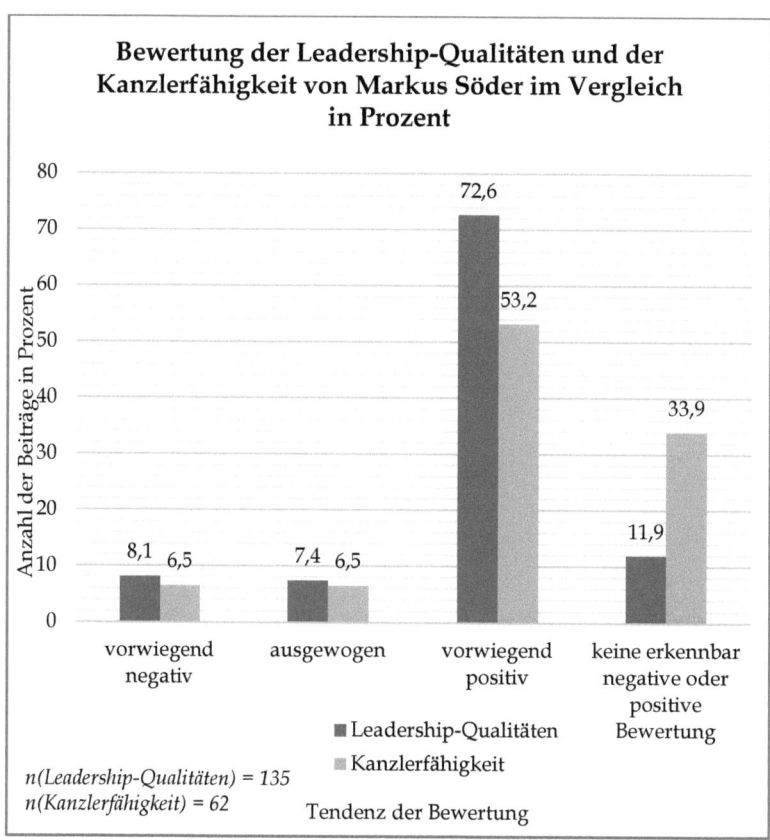

Abbildung 13: Bewertung der Leadership-Qualitäten und der Kanzlerfähigkeit von Markus Söder im Vergleich in Prozent: eigene Darstellung

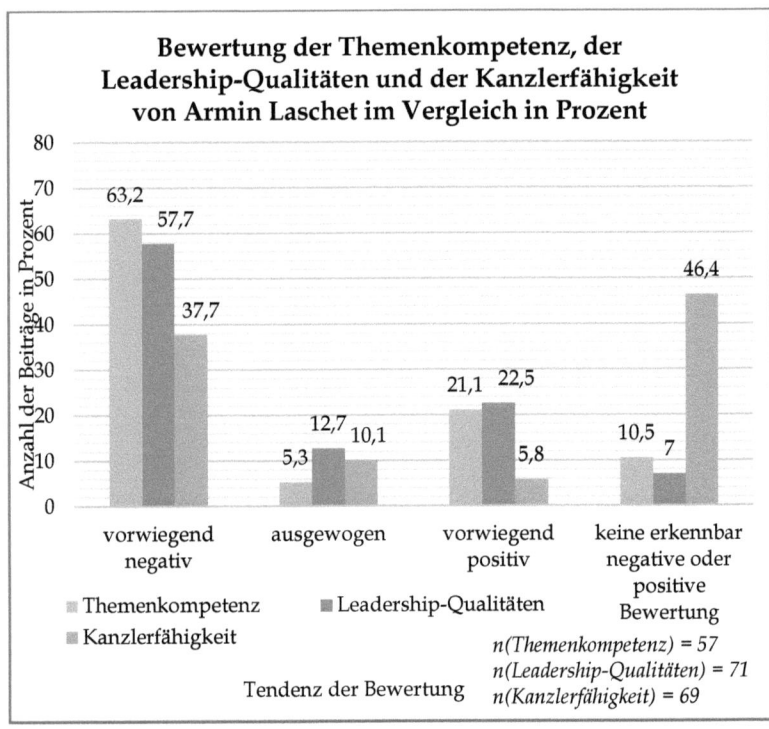

Abbildung 14: Bewertung der Themenkompetenz, der Leadership-Qualitäten und der Kanzlerfähigkeit von Armin Laschet im Vergleich in Prozent: eigene Darstellung

Bei Betrachtung der Abbildung zu Markus Söder wird die Dominanz der vorwiegend positiven Bewertungen deutlich. Dies gilt sowohl für die Bewertung seiner Leadership-Qualitäten als auch für die explizite Bewertung seiner Kanzlerfähigkeit, wobei eine noch positivere Bewertung der Leadership-Qualitäten im Vergleich zu der Beurteilung seiner Kanzlerfähigkeit vorherrscht. Das deutet darauf hin, dass die explizite Bewertung der Kanzlerfähigkeit etwas weniger oft positiv ausfällt als die implizite Bewertung, die anhand der Leadership-Qualitäten beurteilt wird. Die anderen Tendenzen halten sich dabei die Waage.

Ein auffälliger Aspekt ist außerdem noch die Tatsache, dass rund ein Drittel der Bewertungen der Kanzlerfähigkeit nicht erkennbar negativ oder positiv ausfallen.

Die Darstellung der Bewertungstendenzen hinsichtlich der Themenkompetenz, der Leadership-Qualitäten und der expliziten Bewertung der Kanzlerfähigkeit bezüglich Armin Laschet zeigt die dominierenden negativen Tendenzen. Hier fällt jedoch auf, dass die Bewertung der Kanzlerfähigkeit am häufigsten nicht erkennbar positiv oder negativ ist. Bei Betrachtung der vorwiegend negativen Bewertungsstufe zeigt sich die Dominanz der negativen Bewertungen sowohl im Hinblick auf Themenkompetenz als auch auf die Leadership-Qualitäten. Auch bei den vorwiegend positiven Fällen überwiegen die impliziten Bewertungen der Kanzlerfähigkeit anhand der beiden relevanten Bewertungsdimensionen.

Zusammenfassend lässt sich hinsichtlich der Beantwortung von *FF2a* feststellen, dass entsprechend der in *FF1* ermittelten Resultate davon ausgegangen werden kann, dass in erster Linie die Bewertung der Leadership-Qualitäten beider Politiker auf der Bewertung der Kanzlerfähigkeit basiert. Außerdem weist die Bewertung der Themenkompetenz von Armin Laschet hochsignifikante Ergebnisse auf. Im Hinblick auf die Bewertung der Kanzlerfähigkeit von Armin Laschet kann also auch von einer sehr wichtigen Rolle bezüglich der Bewertung der Themenkompetenz gesprochen werden. Die Tendenzen der Bewertungen anhand der Leadership-Qualitäten sind bei Markus Söder vorwiegend positiv, ebenso die explizite Bewertung seiner Kanzlerfähigkeit. Bei Armin Laschet überwiegen in beiden Fällen die negativen Tendenzen, ebenso die Bewertung seiner Themenkompetenz, die den höchsten Wert an negativen Bewertungen aufweist.

## Gemeinsamkeiten und Unterschiede im Hinblick auf die Kanzlerfähigkeit

Den Abschluss der Forschungsfragen bildet mit *FF2b* die Frage nach Gemeinsamkeiten und Unterschieden in der Berichterstattung zwischen Markus Söder und Armin Laschet im Hinblick auf ihre

Kanzlerfähigkeit. Es werden zunächst die Ergebnisse der Bewertung der Kanzlerfähigkeit betrachtet. Dabei zeigt sich ein deutliches Ergebnis. Wie bereits aus den Abbildungen 13 und 14 hervorgegangen ist, wird die Kanzlerfähigkeit des bayerischen Ministerpräsidenten in 53,2 % der Fälle, in denen ein expliziter Bezug zu dieser vorhanden ist, als vorwiegend positiv bewertet. In nur 6,5 % der relevanten Artikel wird er tendenziell als nicht kanzlerfähig bewertet.

6,5 % der Bewertungen fallen ausgewogen aus und 33,9 % als nicht erkennbar negativ oder positiv. Einen starken Gegensatz dazu bildet Armin Laschet. Dessen Kanzlerfähigkeit wird in 37,7 % der Fälle als vorwiegend negativ bewertet. In 5,8 % der Fälle wird sie vorwiegend positiv bewertet, in 10,1 % der Fälle gemischt beziehungsweise ausgewogen. In fast der Hälfte der Fälle gibt es keine erkennbar negative oder positive Bewertung (46,4 %). Einen direkten Überblick über die Bewertung der Kanzlerfähigkeit von Armin Laschet und Markus Söder im Vergleich liefert die folgende Abbildung 15.

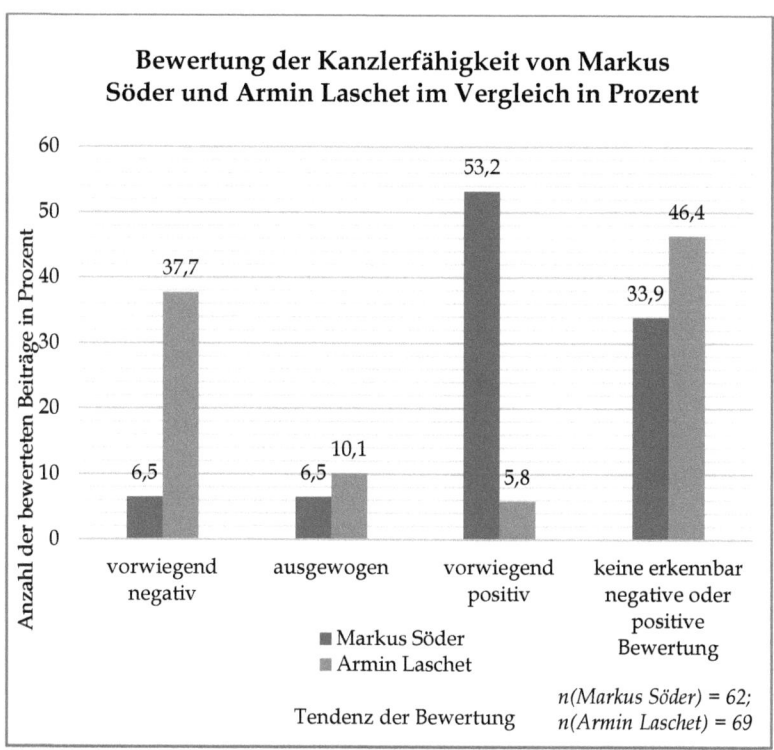

Abbildung 15: Bewertung der Kanzlerfähigkeit von Markus Söder und Armin Laschet im Vergleich: eigene Darstellung

Wie bereits erwähnt, findet sich in 19,5 % aller analysierten Artikel mindestens ein Bezug zur Kanzlerfähigkeit von Markus Söder, Armin Laschet oder beiden. Hinsichtlich des Vergleichs der Kanzlerfähigkeit zwischen Markus Söder und Armin Laschet kann zunächst festgestellt werden, dass in insgesamt 6,7 % von allen in die Analyse mit aufgenommenen Artikeln mindestens ein Vergleich vorhanden ist. Das entspricht einer absoluten Anzahl von 33 Artikeln. Wenn ein Artikel einen expliziten Vergleich aufweist, geschieht das im Schnitt einmal ($n$ = 33, $M$ = 1.24, $SD$ = .614). Im Falle eines expliziten Vergleichs wird zu 65,5 % Markus Söder mehr Kanzlerfähigkeit zugeschrieben, in 18,8 % der Fälle keinem der beiden und in 15,6 % beiden zu gleichen Teilen. Hier zeigt sich ein deutliches Ergebnis: Armin Laschet wird in keinem einzigen Fall als derjenige mit der größeren Kanzlerfähigkeit dargestellt, wenn die beiden Politiker miteinander verglichen werden. Einen Überblick liefert die folgende Abbildung 16.

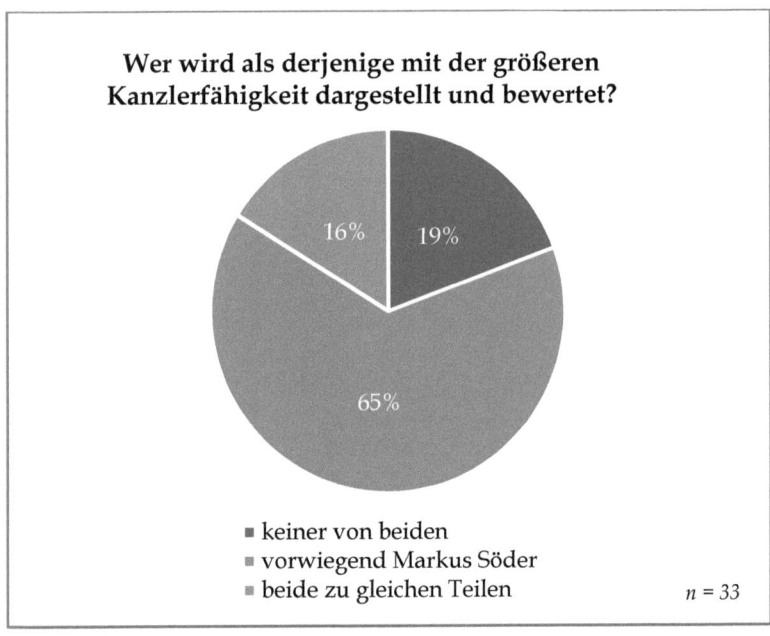

Abbildung 16: Wer wird als derjenige mit der größeren Kanzlerfähigkeit dargestellt und bewertet?: eigene Darstellung

Diese Erkenntnisse stützen jene aus dem vorherigen Teil der Arbeit, wie sie beispielsweise in Abbildung 15 zu sehen sind. Markus Söder wird im Falle einer erkennbaren Bewertung in den meisten Fällen vorwiegend positiv bewertet, während es bei Armin Laschet das Gegenteil ist. Dieser wird im Falle einer erkennbaren Bewertung vorwiegend negativ bewertet. Hinsichtlich der Urheber der Aussagen über die expliziten Vergleiche der beiden Politiker lässt sich abschließend ein ebenfalls eindeutiges Ergebnis feststellen: Mehr als die Hälfte der Bewertungen stammen vom Urheber des Beitrags, bei dem es sich in fast allen Fällen um einen Journalisten, Herausgeber oder die Redaktion handelt. In genau einem Viertel der Fälle handelt es sich um Urheber aus der Kategorie *Sonstige*. Zu dieser Ausprägung zählen beispielsweise Umfrageergebnisse. Betrachtet man abschließend die Anzahl der expliziten Erwähnungen im Hinblick auf die Kanzlerfähigkeit, zeichnet sich diesbezüglich ein recht gleichmäßiges Bild ab. Bei Markus Söder beläuft sich die Gesamtzahl auf 68 Erwähnungen ($n$ = 68, $M$ = 2.37, $SD$ = 3.644), bei Armin Laschet sind es 77 ($n$ = 77, $M$ = 2.10, $SD$ = 1.840). Abschließend kann also festgehalten werden, dass Markus Söder, der untersuchten Berichterstattung zufolge, mit großem Abstand als derjenige mit der besseren Kanzlerfähigkeit dargestellt und bewertet wird. Armin Laschet wird im Falle eines expliziten Vergleichs mit Markus Söder kein einziges Mal als derjenige mit den besseren Kanzlerqualitäten beurteilt. Eine ausführliche Diskussion der Ergebnisse und deren Bedeutung für die vorliegende Arbeit findet im Anschluss an dieses Kapitel statt.

## 6.4 Explorative Datenanalyse

Obwohl durch die vorliegende Untersuchung herausgefunden werden konnte, dass die Dimensionen Integrität und unpolitische Merkmale bei keinem der beiden Politiker einen entscheidenden Einfluss auf die Bewertung der Kanzlerfähigkeit liefern, soll eine kurze Betrachtung der Tendenzen der Bewertung der Politiker anhand dieser Dimensionen nicht ungeschehen bleiben. Auch die Beurteilung der Themenkompetenz von Markus Söder spielt keine entscheidende Rolle für die Einschätzung seiner Kanzlerfähigkeit, sie soll jedoch ebenfalls kurz visiert werden. Erwähnt sein muss die Tatsache, dass aufgrund der fehlenden Signifikanzen diesbezüglich keine aussagekräftigen Schlussfolgerungen gezogen werden können. Die Ergebnisse zur Bewertung der Themenkompetenz von Markus Söder in der untersuchten Berichterstattung zeigen in genau 61 % der Fälle eine vorwiegend positive Bewertung. In 20,3 % der Fälle ist sie negativ, in 6,8 % ausgewogen und in 11,9 % der Fälle nicht erkennbar negativ oder positiv. Bei genauer Untersuchung der Bewertung seiner Integrität zeigt sich zu 76,3 % ein negatives Bild. Zu 13,2 % wird sie positiv bewertet und zu 10,5 % ausgewogen. Auch die Bewertung der Integrität von Armin Laschet präsentiert, ähnlich wie bei Markus Söder, in den meisten Fällen (68,8 %) eine negative Tendenz. In 31,3 % wird er als vorwiegend integrer Politiker eingeschätzt. Hierbei muss auf die extrem niedrige Fallzahl von 16 Artikeln mit Bewertung der Integrität von Armin Laschet hingewiesen werden. Auch bei der Bewertung der unpolitischen Merkmale zeigt sich bei Markus Söder zwar in den meisten Fällen eine nicht erkennbar negative oder positive Bewertung (62,8 %), im Falle einer erkennbaren Bewertung ist diese jedoch zu 20,9 % vorwiegend negativ und zu lediglich 9,3 % positiv. Ähnlich ist es bei Armin Laschet, hierbei kommen neben den 59,1 % nicht erkennbar negativ oder positiv bewerteten Fällen 31,8 % vorwiegend negative Einschätzungen hinzu. Nur jeweils 4,5 % der Fälle sind vorwiegend positiv oder ausgewogen.

Auch wenn die Urheber der relevanten Aussagen nicht entscheidend für die Beantwortung der Forschungsfragen sind, sollen die wichtigsten Erkenntnisse nicht unerwähnt bleiben. Bei Betrachtung der Häufigkeitsverteilungen fällt die starke Dominanz der Urheber Journalisten auf. So stammen beispielsweise 78,8 % der vorwiegend positiven Aussagen zu den Leadership-Qualitäten von Markus Söder von dem jeweiligen Urheber des Beitrags, bei dem es sich fast immer um einen Journalisten handelt. Mit 13,3 % an zweiter Stelle liegen Urheber aus der Kategorie *Sonstige,* dabei handelt es sich zumeist um zitierte Umfragewerte.

# 7 Diskussion der Ergebnisse

Dass die Kanzlerfähigkeit der Politiker Markus Söder und Armin Laschet in der Presseberichterstattung über die COVID-19-Pandemie eine beachtliche Rolle spielt, zeigen die Ergebnisse der durchgeführten inhaltsanalytischen Untersuchung von rund 500 Artikeln aus drei ausgewählten qualitätsjournalistischen Zeitungen. Diese gewonnenen Erkenntnisse sollen im vorliegenden Kapitel in Bezug auf die Forschungsfragen diskutiert und bei Bedarf mit theoretischen Befunden der Arbeit verknüpft werden. Außerdem wird zur Interpretation und Veranschaulichung der wichtigsten Resultate an geeigneten Stellen eine qualitative Sichtung des Materials vorgenommen.

Bevor die Ergebnisse der Forschungsfragen diskutiert werden, sollen zunächst relevante Aspekte der Stichprobe genauer betrachtet werden. Bezüglich der Verteilung der Beiträge fällt zunächst ein Ungleichgewicht auf. Während die *FAZ* knapp mehr als die Hälfte und *Die Welt* etwa ein Drittel der Beiträge liefern, fallen nur etwas mehr als ein Zehntel der Beiträge auf Artikel aus dem *Spiegel*. Die vergleichsweise geringe Anzahl der Artikel aus dem politischen Wochenmagazin lässt sich zum einen mit dessen wöchentlicher Erscheinung begründen. Zum anderen handelt es sich bei den Beiträgen hauptsächlich um Reportagen und Kommentare. Kürzere Nachrichten oder Berichte, wie sie vor allem die *FAZ* häufig aufweist und die eher als neutral gelten (Leidecker & Wilke, 2016, S. 211), gibt es im *Spiegel* sehr selten. Insgesamt herrscht eine leichte Mehrheit an Reportagen im Vergleich zu anderen Darstellungsformen vor. Hierbei kann aus soeben genannten Gründen ebenfalls auf den Einbezug des *Spiegels* verwiesen werden. Auch die Tatsache, dass es sich bei den Urhebern der Beiträge zu großen Teilen um Journalisten oder sonstige Redaktionsmitarbeiter handelt, verwundert aus diesem Grund nicht. Es wurden außerdem im Vorfeld der Untersuchung unter anderem einige Leserkommentare ausgeschlossen, bei denen eine Abweichung vom Urheber *Journalist* gegeben ist. Interessant ist jedoch die Tatsache, dass 37 von den insgesamt 39 Artikeln ohne erkennbaren Urheber aus der Tageszeitung *Die Welt* stammen. Diese fehlenden Angaben wurden bereits in einer Studie von Leidecker und Wilke (2016, S. 212) festgestellt und bemängelt.

Die erste Hälfte des Untersuchungszeitraums bis zu Kalenderwoche (KW) 20 weist deutlich mehr Beiträge auf als die zweite Hälfte. Nach einem Blick in das Material kann der Peak in KW 12 mit der Diskussion um einen bundesweiten Lockdown begründet werden, der mit Schließungen und Ausgangsbeschränkungen verbunden war (vgl. z.B. Die Welt, Nr. 5, 11, 112; FAZ, Nr. 203–205). In KW 16 und 17 dominiert nach einem Blick in das Material das Thema Lockerungen die Berichterstattung (vgl. z.B. Die Welt, Nr. 25, 27, 117; FAZ, Nr. 238, 412; Der Spiegel, Nr. 486). Eine Erklärung für den Rückgang der Berichterstattung in der zweiten Hälfte ist vermutlich das allgemein sinkende Infektionsgeschehen. In diesem Zusammenhang kann auf die Nachrichtenfaktoren Relevanz und Überraschung verwiesen werden, die sicherlich für die verstärkte Berichterstattung zu Beginn der Ereignisse sorgten (Schulz, 1990, S. 42, 44).

Der erneute starke Anstieg an Beiträgen ab Beginn der KW 25, der bis zum Ende der KW 27 wieder abflacht, veranlasst ebenfalls zu einem genaueren Blick auf Vorkommnisse in diesem Zeitraum zwischen dem 15.06. und dem 03.07. Es kann festgestellt werden, dass in dieser Zeitspanne die Debatte um den Ausbruch des Virus in der Fleischfabrik der Firma Tönnies im Kreis Gütersloh in Nordrhein-Westfalen vorherrschte, in dessen Zuge Armin Laschet im Hinblick auf sein Krisenmanagement scharf in der Kritik stand (vgl. z.B. Die Welt, Nr. 112; FAZ, Nr. 383–389, 439).

Eine große Auffälligkeit zeigt sich in der Verteilung der Beiträge bezüglich des Vorkommens der beiden Politiker. Die Hälfte der Beiträge entfällt auf Markus Söder alleine, rund ein Fünftel auf Armin Laschet im Einzelnen und fast ein Drittel der Beiträge auf beide gemeinsam. Diese Tatsache zeigt eine deutliche Dominanz des Vorkommens des bayerischen Ministerpräsidenten im Vergleich zu seinem nordrhein-westfälischen Amtskollegen in der untersuchten Medienberichterstattung. Bei Betrachtung der

Ergebnisse im Hinblick auf den Fokus und den Bezug der Beiträge auf die COVID-19-Pandemie kann angemerkt werden, dass in den meisten Fällen andere Themen wichtiger sind und die COVID-19-Pandemie an sich eher nebensächlich. Auch Informationen zu Statistiken wie beispielsweise die Zahl der Neuinfektionen oder aktuelle Todeszahlen werden kaum thematisiert. Wird diesbezüglich ein Blick in das Material geworfen, kann festgestellt werden, dass auffällig oft das Thema Fußball in der untersuchten Berichterstattung thematisiert wird (vgl. z.B. FAZ, Nr. 242, 418; Der Spiegel, Nr. 503). Ebenfalls sehr häufig wird gegen Ende des Untersuchungszeitraums über den Ausbruch bei der Firma Tönnies berichtet, außerdem finden Artikel zu Themen wie Debatten um Schul- und Grenzschließungen sowie die anschließenden Diskussionen um Öffnungen viel Beachtung in der Berichterstattung. Die beiden Politiker selbst werden nur in wenigen Artikeln stark fokussiert und auch das Thema Kanzlerkandidatur der CDU und CSU findet nur selten starke Aufmerksamkeit (vgl. z.B. FAZ, Nr. 300, 378, 438).

Markus Söder und Armin Laschet verbinden im Hinblick auf die allgemeinen inhaltlichen Kategorien einige Gemeinsamkeiten und Unterschiede. Der Bezug zu den Politikern ist bei beiden in der überwiegenden Anzahl der Fälle schwach, das heißt, sie werden nur am Rande und neben anderen Aspekten thematisiert. Beide werden im Schnitt viermal pro Artikel genannt und einmal zitiert. Große Unterschiede finden sich in der Bewertung des allgemeinen Tenors der beiden Politiker. In den meisten Fällen ist dieser nicht erkennbar positiv oder negativ. Interessant ist jedoch, dass – im Falle einer erkennbaren Bewertung – Markus Söder fast genauso oft vorwiegend positiv dargestellt wird (18,6 %) wie Armin Laschet vorwiegend negativ (18,4 %). Dabei muss jedoch betont werden, dass die Bewertung des vorwiegenden Tenors sehr allgemein gehalten ist und nicht konkret anhand der vier Bewertungsdimensionen stattfindet. Trotzdem zeigt diese Erkenntnis, dass Markus Söder nicht nur häufiger thematisiert, sondern im Allgemeinen auch positiver dargestellt wird. Armin Laschet hingegen wird vergleichsweise selten und tendenziell negativ bewertet. Eine ebenfalls sehr interessante Erkenntnis stellt die Tatsache dar, dass es sich bei fast genau der Hälfte aller Beiträge um solche handelt, die mindestens einen expliziten Bezug zur Kanzlerfähigkeit oder mindestens eine Bewertungsdimensionen enthalten. Die Ergebnisse zeigen, dass solche Bezüge mehrheitlich in Reportagen und Kommentaren zu finden sind, wobei diesbezüglich die Vermutung naheliegt, dass es sich bei diesen Darstellungsformen im Gegensatz zur Nachricht um eher wertende Beiträge handelt. Deshalb ist die Wahrscheinlichkeit einer Bewertung durch den Verfasser höher, welcher den Ergebnissen zufolge in den allermeisten Fällen ein Journalist ist.

Die untergeordneten Forschungsfragen rund um *FF1* befassen sich grundsätzlich mit der Rolle der Kanzlerfähigkeit von Markus Söder und Armin Laschet in der Berichterstattung über COVID-19. Dabei geht es genauer um das Vorkommen der Bewertungsdimensionen (*FF1a*) und Auffälligkeiten im Hinblick auf den Zeitverlauf (*FF1b*). Außerdem sollen sie klären, wann explizit die Diskussion um die Kanzlerfähigkeit entstanden ist (*FF1c*).

In Bezug auf die Gegebenheiten der Dimensionen ohne deren Zusammenspiel mit dem Aspekt der Kanzlerfähigkeit kann ein Vorkommen aller vier Dimensionen in der untersuchten Berichterstattung zur Bewertung der beiden Politiker festgestellt werden. Markus Söder und Armin Laschet werden demnach anhand ihrer Themenkompetenz, ihrer Leadership-Qualitäten, ihrer Integrität und auch im Zusammenhang mit unpolitischen Merkmalen beurteilt. Insgesamt werden in fast der Hälfte der Fälle am häufigsten die Leadership-Qualitäten bewertet. Ebenfalls recht häufig sind Bewertungen der Politiker im Hinblick auf ihre Themenkompetenz zu finden. Die Dimension Integrität und die unpolitischen Merkmale spielen bei der Beurteilung von Markus Söder und Armin Laschet keine entscheidende Rolle.

Dieses Wissen wird unter anderem durch die Erkenntnisse von Brettschneider (2002a) gestützt, der herausfand, dass in der Bundesrepublik Deutschland der Anteil der Integrität und der unpolitischen Merkmale für das Image eines Kandidaten von geringer Bedeutung ist. Viel wichtiger und im Mittelpunkt der Wahrnehmung der Kandidaten stehen die Leadership-Qualitäten sowie die

Themenkompetenz (Brettschneider, 2002a, S. 177; Brettschneider, 2002b, S. 263). Der Themenkompetenz wird in manchen Studien dabei ein besonders großer Stellenwert adressiert (Brettschneider & Bachl, 2013, S. 201).

Werden vor diesem Hintergrund die Veränderungen der Dimensionen im Zeitverlauf betrachtet, zeigt sich eine Dominanz der Leadership-Qualitäten für den gesamten Untersuchungszeitraum. In der Mitte des Zeitraums sind diese wie alle anderen Dimensionen tendenziell niedrig, was mit dem allgemeinen Abflachen der Infektionszahlen und der daraus resultierenden geringeren Berichterstattung in den Sommermonaten begründet werden kann. Dies spiegelt sich auch in der vergleichsweise geringen Gesamtanzahl an Beiträgen in diesem Zeitraum wider. Die Themenkompetenz von Markus Söder wird ebenfalls recht häufig für seine Bewertung herangezogen, verläuft aber im Vergleich zu den Leadership-Qualitäten gleichmäßiger. Sowohl die Integrität als auch die unpolitischen Merkmale spielen bei der Bewertung von Markus Söder anhand der vier Dimensionen eine vergleichsweise untergeordnete Rolle. Während des gesamten Zeitverlaufs schwanken die Zahlen der Artikel zwischen null und maximal fünf Beiträgen pro Kalenderwoche.

Im Hinblick auf die Bewertung von Armin Laschet anhand seiner Themenkompetenz und der Leadership-Qualitäten zeigt sich ein deutlicher Anstieg in KW 26. Dieser Höhepunkt ist zweifelsfrei mit dem Ausbruch des Virus in der Fleischfabrik von Tönnies zu begründen, in dessen Verlauf die Medienpräsenz des Ministerpräsidenten stark gestiegen ist. Das allgemeine Abflachen aller Dimensionen bei beiden Politikern gegen Ende des Untersuchungszeitraums stützt die Begründung für die Wahl der KW 31 als Abschluss. Diesbezüglich wurde im Vorfeld der Studie angenommen, dass aufgrund der sinkenden Infektionszahlen in den Sommermonaten eine reduzierte Berichterstattung zu diesem Thema die Folge ist.

Die Tatsache, dass rund ein Fünftel aller Beiträge einen expliziten Bezug zur Kanzlerfähigkeit aufweisen, unterstreicht in jedem Fall die Relevanz der Forschung. Die häufigeren ausschließlichen

Bezüge zu Armin Laschet können sicherlich mit der Tatsache begründet werden, dass dieser sich zum Zeitpunkt der Untersuchung im Gegensatz zu Markus Söder „für den Bundesvorsitz der Christdemokraten bewirbt" (Die Welt, Nr. 92) und somit den Status als „Anwärter auf den Parteivorsitz" (Die Welt, Nr. 99) innehatte. Es soll an dieser Stelle erneut darauf hingewiesen werden, dass ein expliziter Bezug zur Kanzlerfähigkeit nicht zwangsläufig mit einer Bewertung dieser einhergehen muss. Im Vorfeld der Untersuchung wurden auch solche Elemente in die im Kontext der vorliegenden Arbeit verwendete Definition der Kanzlerfähigkeit mit einbezogen, die sich beispielsweise nur auf die Debatte über den neuen CDU-Parteivorsitzenden beziehen. Dieser Vorgang erscheint deshalb sinnvoll, da in der Vergangenheit mit diesem Amt auch häufig eine Kanzlerkandidatur verbunden war, wie beispielsweise zuletzt bei Angela Merkel in den Wahljahren 2005, 2009, 2013 und 2017 (Küsters & Borchard, 2020, o. S.) Explizite Bezüge zur Kanzlerfähigkeit ohne direkte Wertung sind bei genauerer Analyse des vorliegenden Materials beispielsweise „Merkel-Nachfolger" (FAZ, Nr. 403) oder „Anwärter für den CDU-Vorsitz" (Die Welt, Nr. 88).

Mit Blick auf die Ergebnisse kann ferner festgestellt werden, dass es sich bei exakt der Hälfte der Bezüge um solche handelt, die beide Politiker adressieren. Diese Erkenntnis spiegelt sich auch in konkreten Aussagen aus der untersuchten Berichterstattung wider. Dort wird zum Beispiel behauptet, dass Markus Söder und Armin Laschet sich „ein Wettrennen ums beste Krisenmanagement geliefert und damit den Eindruck erweckt hätten, es ginge ihnen weniger um die Gesundheit der Menschen als um sich selbst" (Der Spiegel, Nr. 507). Auch über „Fernduelle um die Kanzlerkandidatur von CDU und CSU" (Die Welt, Nr. 134) oder gar von einem „'Hahnenkampf' zwischen Bayerns Ministerpräsident Markus Söder und seinem NRW-Kollegen Armin Laschet (CDU)" (Die Welt, Nr. 139) wird gesprochen. Diese Aussagen unterstreichen zweifelsohne die Annahme, dass die beiden Politiker in einer Art Wettkampf zueinanderstehen, sowohl im Hinblick auf das Krisenmanagement in der Corona-Krise als auch auf eine mögliche Kanzlerkandidatur. Außerdem zeigen sich diesbezüglich Parallelen zum sogenannten

Horse-Race-Journalism, der als Teilaspekt der in Kapitel 2.1 des theoretischen Teils der Arbeit erläuterten Amerikanisierung der Medienberichterstattung angesehen wird. Bei dieser Art von Berichterstattung steht der Wettkampfcharakter im Hinblick auf die jeweiligen Kandidaten im Zentrum (Brettschneider, 2009a, S. 512; Faßbinder, 2009, S. 499).

Gegen Ende des Untersuchungszeitraums sind in den meisten Fällen Bezüge zur Kanzlerfähigkeit vorhanden, die beide Politiker betreffen. Jedoch ist auch eine steigende Anzahl an Bezügen zur Kanzlerfähigkeit von Markus Söder im Einzelnen erkennbar, die mit der gleichzeitigen Abnahme an Bezügen zu Armin Laschet im Einzelnen einhergeht. Dieses Abflachen der alleinigen Erwähnungen von Armin Laschet ist sicherlich ebenso mit den Entwicklungen rund um den Corona-Ausbruch in der Fleischfabrik von Tönnies in Gütersloh zu begründen. Wie bereits erwähnt, stand Armin Laschet dabei besonders häufig in der Kritik.

Werden diese Aspekte mit der Annahme verknüpft, es herrsche eine Art Wettstreit zwischen ihm und Markus Söder um das bessere Krisenmanagement, ist der häufige Bezug zu beiden Politikern nachvollziehbar. Der Grund für die steigenden Bezüge zu Söders Kanzlerfähigkeit kann durch die Betrachtung der Bewertung der relevanten Dimensionen gefunden werden.

Die wohl wichtigsten Ergebnisse liefern jene hinsichtlich der Beantwortung von Forschungsfrage 2, die sich im Allgemeinen mit Aspekten beschäftigt, an denen die Kanzlerfähigkeit festgemacht wird. Die untergeordneten Fragen befassen sich zum einen mit Dimensionen, auf denen die Bewertung der Kanzlerfähigkeit basiert (*FF2a*). Zum anderen behandeln sie auffallende Gemeinsamkeiten und Unterschiede zwischen Armin Laschet und Markus Söder (*FF2b*).

Nicht verwunderlich ist zunächst der signifikante Zusammenhang zwischen der Bewertung der Leadership-Qualitäten und der Bewertung der Kanzlerfähigkeit von Markus Söder. Er wird in 79 % der Fälle, in denen seine Kanzlerfähigkeit bewertet wird, auch anhand seiner Leadership-Qualitäten bewertet. Die Zusammenhänge zwischen den anderen Dimensionen und der Bewertung der

Kanzlerfähigkeit von Markus Söder liefern keine signifikanten Ergebnisse, weshalb angenommen wird, dass ihr Einfluss auf die Kanzlerfähigkeit keine entscheidende Rolle spielt. Die Kanzlerfähigkeit von Markus Söder wird also vorwiegend anhand seiner Leadership-Qualitäten festgemacht. In Anbetracht der Unterscheidung zwischen der expliziten und impliziten Bewertung der Kanzlerfähigkeit kann also davon ausgegangen werden, dass die implizite Bewertung der Kanzlerfähigkeit von Markus Söder auf der Bewertung seiner Leadership-Qualitäten basiert. Bei genauerer Betrachtung der Ergebnisse hierzu fällt eine Mehrheit an vorwiegend positiven Bewertungen auf.

Nach Begutachtung des Untersuchungsmaterials kann außerdem festgehalten werden, dass die Bewertung der Leadership-Qualitäten von Markus Söder fast ausschließlich im Kontext der COVID-19-Pandemie stattfindet. Hierbei kann auch ein regelmäßiger Einbezug von Umfragewerten festgestellt werden, wie zum Beispiel folgende Aussage zeigt: „Markus Söder (CSU) hat wegen seines Krisenmanagements in der Corona-Pandemie einen neuen deutschen Allzeitrekord bei den Zufriedenheitswerten für Politiker erreicht" (FAZ, Nr. 229). Im Hinblick auf sein Krisenmanagement wird er außerdem beispielsweise „als Seuchenbekämpfer mit dem größten Tatendrang" (Die Welt, Nr. 116) bezeichnet. Außerdem wird ihm der Status „als tatkräftiger, konsequenter, weitsichtiger Politiker" (Die Welt, Nr. 117) angeheftet. Im Hinblick auf seine Einstellungen zu den Maßnahmen zur Verminderung des Infektionsgeschehens wird er beispielsweise als „Hardliner" (Der Spiegel, Nr. 498) oder „Treiber" (Die Welt, Nr. 124) betitelt, der „in der Corona-Krise ... wie kein anderer den starken Staat [verkörpert], der die Bürger entschlossen führt und zugleich auf deren Einsicht setzt" (Die Welt, Nr. 124).

Bezüglich der Ergebnisse im Hinblick auf Armin Laschet kann eine interessante Feststellung gemacht werden. Es besteht sowohl ein signifikanter Zusammenhang zwischen der Bewertung seiner Themenkompetenz und der Bewertung seiner Kanzlerfähigkeit als auch ein solcher zwischen der Bewertung seiner Leadership-Qualitäten und der Bewertung der Kanzlerfähigkeit. Wenn seine

Themenkompetenz bewertet wird, wird in genau 42 % der Fälle auch seine Kanzlerfähigkeit bewertet, bezüglich der Leadership-Qualitäten liegt der Anteil bei 63,8 %. Zu betonen ist an dieser Stelle die deutlich geringere Fallzahl als bei Markus Söder. Die genauere Betrachtung der Themenkompetenz von Armin Laschet liefert ein recht eindeutiges Bild. In KW 17 und 18 sind zunächst einige negative Bewertungen zu finden. Der Höhepunkt wird diesbezüglich jedoch gegen Ende des Untersuchungszeitraums erreicht; dort wird seine Themenkompetenz besonders häufig als vorwiegend negativ beurteilt. In diesem Zeitraum hatte der Skandal in der Fleischfabrik der Firma Tönnies seinen Höhepunkt. Ein Blick in das Material hinsichtlich relevanter Nennungen zur Themenkompetenz von Armin Laschet in dieser Zeit zeigt den Grund für die vorwiegend negative Bewertung. In KW 26 und KW 27 spielen Aussagen wie „Dank Tönnies sieht der Lockerer nun wie ein Loser aus" (Die Welt, Nr. 164) und der Vorwurf, „seine Regierung habe zu spät mit einem Lockdown auf den Corona-Massenausbruch in Ostwestfalen reagiert" (FAZ, Nr. 441) auf sein spätes Handeln in der Debatte um den Ausbruch des Virus bei der Firma Tönnies an. In Bezug auf sein als inkonsistent wahrgenommenes Krisenmanagement, das dazu geführt habe, dass „Nordrhein-Westfalen ... derzeit bei manchem im Ruf [stünde], das Land der leichtfertigen Lockdown-Lockerer zu sein" (FAZ, Nr. 363) wird er beispielsweise als „Armin ‚Zickzack' Laschet" (Die Welt, Nr. 169) beschrieben. Außerdem sorgte eine Schuldzuweisung von Armin Laschet in der Diskussion um die Ausbreitung des Virus in der Firma Tönnies für Aufsehen und Kritik. Dies lässt sich wie folgt zusammenfassen: „So bemerkte Nordrhein-Westfalens Ministerpräsident Armin Laschet (CDU) im Zusammenhang mit dem Corona-Skandal im Schlachtbetrieb Tönnies erst vor einigen Tagen, dass ‚Rumänen und Bulgaren' das Virus eingeschleppt hätten und erntete dafür viel Kritik im In- und Ausland" (Die Welt, Nr. 103).

Aussagen wie „Armin Laschet ... stolperte zuweilen so sehr durch die Coronakrise, dass manche in der Union das ungute Gefühl beschleicht, mit seinen Führungsfähigkeiten könne etwas nicht stimmen" (Der Spiegel, Nr. 510), „Armin Laschet gibt zappelig den

Mr. Exit" (Der Spiegel, Nr. 503) sowie der Vorwurf, „er sei im Vergleich zum ‚Macher' Söder zögerlich" (FAZ, Nr. 407) unterstreichen die Erkenntnisse aus der vorliegenden Studie, wonach Armin Laschet in den meisten Fällen negativ im Hinblick auf seine Leadership-Qualitäten bewertet wird. Bei Betrachtung des Untersuchungszeitraums fallen diesbezüglich ähnliche Peaks auf wie bei der Bewertung der Themenkompetenz. Letztere ist jedoch vor allem gegen Ende des Zeitraums noch negativer ausgeprägt. Es fällt im Gegensatz zu den Ergebnissen hinsichtlich der Bewertung der Themenkompetenz eine tendenziell positive Bewertung der Leadership-Qualitäten zu Beginn des Untersuchungszeitraums in KW 14 und KW 16 auf, wo ihm zum Beispiel die Eigenschaft des „ehrgeizigen Landesvaters" (Der Spiegel, Nr. 486) der im Hinblick auf Lockerungen „für einige Stunden der Meinungsführer in der Exit-Debatte" (Der Spiegel, Nr. 486) sei, angeheftet wird.

Gegen Ende hin überwiegen schließlich die negativen Urteile. Auch hier lässt sich ein recht eindeutiger Bezug zur Debatte um Tönnies feststellen. Ihm wird diesbezüglich „Zögerlichkeit" (FAZ, Nr. 388) vorgeworfen. Hinsichtlich seines Status als Krisenmanager wird er „spätestens seit dem heftigen Virusausbruch beim Schlachter Tönnies auch parteiintern ziemlich umstritten" (Die Welt, Nr. 171) dargestellt. Bezüglich seines Images schreibt die FAZ (Nr. 443): „Das größte Problem von Armin Laschet ist sein changierendes Image . . . So aber changiert Laschets Auftreten fortwährend: Zu Beginn war er der Zögerliche, beim Thema Lockerungen preschte er vor, zwischendurch schlingerte er mit unglücklichen Äußerungen und fahrigen Talkshowauftritten".

Es lässt sich also zusammenfassend betonen, dass die Bewertung der Kanzlerfähigkeit bei beiden Politikern in erster Linie auf der Bewertung ihrer Leadership-Qualitäten basiert. Bei Armin Laschet spielt außerdem die Themenkompetenz eine entscheidende Rolle. Es lässt sich außerdem nach eingehender Betrachtung verschiedener Abschnitte des Materials feststellen, dass die Bewertung der relevanten Dimensionen fast durchgängig im Kontext des Krisenmanagements der beiden Politiker während der Corona-Krise stattfindet und andere Ereignisse ausgeblendet werden.

Hierbei stellt die Debatte um den Ausbruch in der Fleischfabrik der Firma Tönnies ein entscheidendes Ereignis dar, anhand dessen die Themenkompetenz von Armin Laschet bewertet wird. Obwohl der nordrhein-westfälische Ministerpräsident grundsätzlich seltener und negativer bewertet wird als sein bayerischer Amtskollege, hat der Skandal um Tönnies zu seiner dominierenden tendenziell negativen Darstellung in der untersuchten Berichterstattung beigetragen. Dass die einzelnen Dimensionen im Hinblick auf die Gesamtbewertung eines Politikers miteinander zusammenhängen, wurde in Kapitel 2.4 bereits beschrieben. So berichten zum Beispiel Brettschneider und Bachl (2013) von einer häufig vorkommendem gleichen Bewertungstendenz der Dimensionen Themenkompetenz und Leadership-Qualitäten (S. 202). Dies zeigt sich auch in der vorliegenden Studie, bei der Armin Laschet sowohl im Hinblick auf seine Themenkompetenz als auch auf seine Leadership-Qualitäten vorwiegend negativ beurteilt wird.

Ebenfalls eine Erkenntnis stellt die Tatsache dar, dass Bewertungen der Politiker anhand der Dimensionen Integrität und unpolitische Merkmale zwar vorkommen, sie jedoch eine untergeordnete Rolle spielen, wenn es um die Bewertung der Kanzlerfähigkeit geht. Diese Ergebnisse zeigen einen Gegensatz zu einer Studie von Lass (1995), der feststellte, dass Menschen eher einen Politiker wählen würden, der im Hinblick auf seine Managerfähigkeiten schwächelt als jemanden mit einer negativ eingeschätzten Integrität (Lass, 1995, S. 190).

Bei Markus Söder spielt außerdem die Themenkompetenz keine entscheidende Rolle, obwohl diese zu 61 % vorwiegend positiv bewertet wird, wie beispielsweise folgende Aussage zeigt: „Söder hat den Ernst der Corona-Lage früh erkannt, er steht gerade gut da" (FAZ, Nr. 216). Auch im Vergleich zu Armin Laschet wird ein positiveres Bild gezeichnet: „Allenfalls muss Markus Söder zugestanden werden, dass er raffinierter vorgeht als Armin Laschet. Söder kann minutenlang und wiederholt über Vorsicht, Umsicht und Rücksicht sprechen, um anschließend dieselben Lockerungen in Aussicht zu stellen wie Armin Laschet" (FAZ, Nr. 428). Trotz der tendenziell positiven Bewertungen im Hinblick auf diese

Dimension scheint im Kontext dieser Arbeit das Image des Politikers Markus Söder stark auf seinen Leadership-Qualitäten zu basieren. Wie im theoretischen Teil der Arbeit bereits erläutert, spielen bei der Entstehung eines Kandidatenimages Erfahrungen mit einem Spitzenpolitiker eine Rolle, die über eine längere Zeit hinweg gemacht wurden (Brettschneider & Bachl, 2013, S. 200).

Obwohl anhand der Dimensionen Integrität und Persönliches vergleichsweise wenige Bewertungen gefunden wurden, soll ein Blick auf die Tendenz der Bewertungen im Kontext dieser Dimensionen geworfen werden. Bei Betrachtung der deskriptiven Ergebnisse bezüglich Markus Söder und Armin Laschet fallen diese vor allem bei der Bewertung der Integrität vorwiegend negativ aus. Um Gründe dafür zu finden, lohnt sich ein Blick in das Material. Dort zeigen Aussagen wie zum Beispiel „Söder, bis dato der Unionspolitiker, der die Krise am besten für die eigene Profilierung zu nutzen wusste" (Die Welt, Nr. 155) oder „Vielleicht hat Söder das Oktoberfest ja auch nur deswegen absagen lassen, um es anlässlich seiner Krönung dem bayerischen Volke wieder schenken zu können" (FAZ, Nr. 420) die Tendenz zu einer nicht besonders vertrauenswürdigen Person. Aussagen zu Armin Laschet zeigen Bezüge zu seinen Kanzlerambitionen: „In CSU-Kreisen hieß es, offenbar sei Laschet von Sorge um seine Kanzlerkandidatur getrieben" (FAZ, Nr. 408). Im Zusammenspiel der beiden Politiker finden sich Aussagen wie „Und gerade die Kontrahenten Markus Söder (CSU) und Armin Laschet (CDU) hätten nach dem Eindruck der Befragten andere Interessen als sich um die Menschen zu kümmern" (Die Welt, Nr. 167).

Um nachzuvollziehen, welche persönlichen Elemente bezüglich Markus Söder in der Berichterstattung thematisiert werden, wird ebenfalls ein Blick in das Material geworfen. Hierbei fallen zunächst die häufigen Bezüge zu Markus Söders Heimatstadt Nürnberg auf, die keine Bewertung enthalten (vgl. z.B. Die Welt, Nr. 1, 17, 121; FAZ, Nr. 213). Negative Aussagen betiteln ihn als „Ehrgeizling mit großer Klappe und stählernen Ellenbogen" (Die Welt, Nr. 124) oder setzen seine Person in einen Zusammenhang mit einem körperlichen Leiden: „Sich söder fühlen, ist das sowas wie: an

Sodbrennen leiden?" (Die Welt, Nr. 163). Bezüglich der unpolitischen Eigenschaften zeigen sich hinsichtlich Armin Laschet beim Blick ins Material vorwiegend Aussagen, die sich auf seine Herkunft beziehen.

Bei der Frage nach Gemeinsamkeiten und Unterschieden im Hinblick auf die Bewertung der Kanzlerfähigkeit von Markus Söder und Armin Laschet zeigt sich ein ebenfalls sehr deutliches und in Anbetracht der bereits dargestellten Befunde nicht verwunderliches Ergebnis zugunsten Markus Söders. In mehr als der Hälfte der Fälle (53,2 %) wird seine Kanzlerfähigkeit explizit als positiv bewertet. Ein Blick in die Berichterstattung zeigt diesbezüglich Anspielungen wie „Umfragen legen nahe, dass Deutschland söderkompatibel werden könnte" (Die Welt, Nr. 177). Außerdem ist die Rede davon, Söder sei „eine überregional feste Größe, der sogar die Kanzlerschaft zugetraut wird" (Die Welt, Nr. 63). Auch solche Aussagen, die sich direkt auf das Krisenmanagement bezüglich der COVID-19-Pandemie beziehen, sind zu finden: „Söder, dem wegen seines Krisenmanagements mittlerweile Kanzlerfähigkeiten attestiert werden" (Der Spiegel, Nr. 496).

Im Vergleich dazu schneidet Armin Laschet eher schlecht ab: Seine Befähigung zum Kanzler wird in mehr als einem Drittel der Fälle (37,7 %) als negativ eingestuft. Diesbezüglich kann fast von einer gegenteiligen Beurteilung der beiden Politiker gesprochen werden. Bei der Betrachtung des Materials werden hierbei ebenfalls Bezüge zum Krisenmanagement von Armin Laschet erkennbar, die sich in Aussagen wie den Folgenden widerspiegeln: „Laschet will CDU-Vorsitzender und dann auch Kanzlerkandidat werden. Da macht es sich nicht so gut, in der Großkrise wie ein Zauderer dazustehen" (Der Spiegel, Nr. 496) und „Für eine Mehrheit der Unionsanhänger gilt Laschet sogar als kanzlertauglich" (Die Welt, Nr. 158). Im Hinblick auf Aussagen aus dem Zeitraum der Debatte um den Ausbruch in der Fleischfabrik der Firma Tönnies finden sich ebenfalls negative Bewertungen zu seiner Kanzlerfähigkeit: „Laschet will erst noch Kanzlerkandidat werden, der Schmutz aber klebt schon an seinen Schuhen" (Die Welt, Nr. 170).

Auch bei Vorliegen eines expliziten Vergleichs der beiden im Hinblick auf ihre Kanzlerfähigkeit wird in der Berichterstattung in 65,5 % der Fälle Markus Söder als derjenige mit der größeren Kanzlerfähigkeit dargestellt. Dies verdeutlichen Aussagen mit eindeutiger Tendenz wie zum Beispiel: „Söder gilt als möglicher Kanzler. Laschet gilt als einer, der gern Kanzler wäre" (Der Spiegel, Nr. 504) oder „Das gilt aber nicht für die Kanzlerkandidatur. So sehr Laschet sich müht, sein rheinisches Dauergrinsen herunterzufahren und Ernst auszustrahlen - an Söder reicht er nicht heran" (Die Welt, Nr. 124).

Zu etwa gleich großen Teilen wird keiner von beiden oder beide als gleich gut oder schlecht geeignet dargestellt. Ebenfalls interessant ist hierbei, dass in keinem einzigen expliziten Vergleich Armin Laschet als derjenige mit der größeren Kanzlerfähigkeit beurteilt wird. Kritische Meldungen beinhalten Aussagen wie folgende: „So lange soll das Laschet-Söder-Theater noch dauern? In der Krise mag sich Kanzlerfähigkeit zeigen. So aber nicht". Hierbei wird beiden Politiker eine gleichwertig negative Kanzlerfähigkeit attestiert. Auch der Wettkampfcharakter kommt in der untersuchten Berichterstattung wie auch schon zuvor erwähnt häufig zum Vorschein: „Es war aber immer auch ein Wettbewerb zwischen Markus Söder und Armin Laschet, wer der bessere Anführer in der Union ist" (FAZ, Nr. 433).

Fest steht, dass Markus Söder in der untersuchten Berichterstattung eindeutig als derjenige mit der größeren Kanzlerfähigkeit dargestellt wird, wenn er mit Armin Laschet verglichen wird. Die Gesamtbewertung der Kanzlerfähigkeit setzt sich hierbei zusammen aus den Ergebnissen der expliziten Bewertung der Kanzlerfähigkeit sowie der impliziten Bewertung derselben. Letztere geschieht durch die Betrachtung verschiedener Dimensionen zur Bewertung von Spitzenpolitikern. In diesem Fall spielen besonders die Leadership-Qualitäten eine Rolle sowie im Hinblick auf Armin Laschet seine Themenkompetenz. Markus Söder wird im gesamten Untersuchungszeitraum tendenziell der Status einer führungsstarken Persönlichkeit angeheftet, die mit der Darstellung eines kanzlerfähigen Politikers zusammenhängt. Die drei anderen

Dimensionen scheinen diesbezüglich nicht von Relevanz zu sein. Obwohl in anderen Studien bereits herausgefunden wurde, dass die unpolitischen Merkmale und die persönliche Integrität einen signifikanten Einfluss auf eine Wahlentscheidung haben können, spielen sie im Kontext der vorliegenden Arbeit für die Bewertung der Kanzlerfähigkeit eine untergeordnete Rolle (Klein & Ohr, 2000, S. 199).

# 8 Fazit

Im vorliegenden abschließenden Kapitel werden zunächst die wichtigsten Erkenntnisse zusammenfassend dargestellt. Außerdem werden Limitationen der Studie aufgeführt und ein Ausblick in mögliche anschließende Forschung gegeben.

## 8.1 Zusammenfassung der Befunde

Die vorliegende Arbeit befasste sich im Allgemeinen mit der Frage nach der Rolle der Kanzlerfähigkeit der Politiker Markus Söder und Armin Laschet in der Berichterstattung über COVID-19. Die Untersuchung dieser Frage ist sowohl von einer wissenschaftlichen als auch von einer gesellschaftlichen Relevanz. Durch eine inhaltsanalytische Untersuchung von rund 500 Presseartikeln konnte eine stark präsente Debatte über die Kanzlerfähigkeit der Politiker Markus Söder und Armin Laschet im Rahmen der durch die COVID-19-Pandemie bedingten aktuellen Krise festgestellt werden. Werden die wichtigsten Ergebnisse im Zusammenhang mit den Forschungsfragen zusammengefasst, so ergeben sich folgende Erkenntnisse:

Die Dimensionen Themenkompetenz, Leadership-Qualitäten, Integrität sowie die unpolitischen Merkmale finden sich im gesamten Untersuchungszeitraum in der untersuchten Berichterstattung wieder. Anhand dieser Dimensionen werden die Politiker Markus Söder und Armin Laschet unterschiedlich oft bewertet. Am mit Abstand häufigsten werden beide Politiker anhand ihrer Leadership-Qualitäten beurteilt. Auch die Bewertung der Themenkompetenz spielt vor allem bei Armin Laschet eine wichtige Rolle. Die Integrität und die unpolitischen Merkmale werden in wesentlich geringerem Ausmaß bewertet.

Hinsichtlich der Gewichtung der Dimensionen im Zeitverlauf konnten – unabhängig von der Tendenz der Bewertung – starke Ähnlichkeiten in der Entwicklung der Bewertung der Leadership-Qualitäten und der Themenkompetenz von Armin Laschet festgestellt werden. Diesbezüglich zeigt sich vor allem gegen Ende des

Untersuchungszeitraums ein starker Anstieg, der mit der Debatte um den Ausbruch des Virus in der Fleischfabrik der Firma Tönnies einhergeht. Markus Söder wird während des gesamten Untersuchungszeitraums vor allem anhand seiner Leadership-Qualitäten bewertet, dies geschieht besonders häufig in der ersten Hälfte des Untersuchungszeitraums. Die Dimensionen Integrität und unpolitische Merkmale verlaufen bei beiden Politikern recht gleichmäßig, wobei vor allem bei Armin Laschet ein stärkeres Abflachen dieser Dimensionen in der Mitte des Untersuchungszeitraums beobachtet werden kann. Diese Entwicklung liegt vermutlich an dem allgemeinen Rückgang der Berichterstattung. Die Dimensionen Integrität, unpolitische Merkmale sowie die Themenkompetenz von Markus Söder verlaufen ebenfalls recht gleichmäßig und nehmen in der Mitte des Zeitverlaufs nicht so stark ab wie bei Armin Laschet, was mit der allgemein höheren Dominanz des bayerischen Ministerpräsidenten in der Berichterstattung begründet werden kann.

Bei der Frage nach dem expliziten Auftauchen der Diskussion über die Kanzlerfähigkeit kann konnte eindeutiger Zeitpunkt im Untersuchungszeitraum festgestellt werden. Die Diskussion über die Kanzlerfähigkeit stellt im Zeitverlauf ein ständiges Auf und Ab dar, dies gilt sowohl im Hinblick auf die Politiker im Einzelnen als auch auf beide gemeinsam. Bei Markus Söder gibt es von Beginn an Bezüge, diese werden jedoch gegen Ende häufiger. Während Armin Laschet zu Beginn des Untersuchungszeitraums noch wesentlich öfter in Zusammenhang mit der Kanzlerfähigkeit gebracht wird als Markus Söder, ändert sich dies gegen Ende, wobei dann vor allem Bezüge zu beiden Politikern zu finden sind.

Die entscheidende Erkenntnis der vorliegenden Arbeit zeigt sich im deutlichen Zusammenspiel der Bewertung der Kanzlerfähigkeit mit der Bewertung der Leadership-Qualitäten der beiden Politiker. Bei Armin Laschet spielt außerdem die Bewertung seiner Themenkompetenz eine entscheidende Rolle, wenn es um die Bewertung seiner Kanzlerfähigkeit geht. Die Tendenz der Bewertung ist bei Markus Söder deutlich positiver als bei Armin Laschet. Durch die genaue Betrachtung der Ergebnisse konnte demnach festgestellt werden, dass die Bewertung der Leadership-Qualitäten der beiden sowie die Beurteilung der Themenkompetenz von Armin Laschet im Einzelnen fast ausschließlich an deren Krisenmanagement in der Corona-Krise festgemacht werden. Die positive Darstellung Markus Söders im Hinblick auf seine Leadership-Qualitäten ist der Untersuchung zufolge mit seiner tendenziell führungsstarken und dominanten Vorgehensweise bezüglich der Maßnahmen zur Eindämmung des Virus zu begründen. Diese führte zu sehr guten Umfragewerten und auch zu einer vorwiegend positiven Darstellung vonseiten der Journalisten. Im Vergleich dazu ist bei seinem nordrhein-westfälischen Amtskollegen als mögliche Begründung für seine negativen Beurteilung der Themenkompetenz sowie der Leadership-Qualitäten in erster Linie ein Ereignis gegen Ende des Untersuchungszeitraums zu betonen. Der Corona-Ausbruch in der Fleischfabrik der Firma Tönnies in Nordrhein-Westfalen hatte hierbei einen offensichtlich entscheidenden Einfluss auf die Bewertung des Krisenmanagements von Armin Laschet. Abgesehen von diesem Ereignis konnte festgestellt werden, dass die tendenziell negative Bewertung von Armin Laschet mit seiner in der untersuchten Berichterstattung als zögerlichen und leichtfertigen Darstellung einhergeht.

Die Gesamtbewertung der Kanzlerfähigkeit setzt sich im Zuge der vorliegenden Arbeit aus den Ergebnissen der expliziten und der impliziten Bewertung der Kanzlerfähigkeit zusammen. Bei der impliziten Bewertung wurde hierbei das Augenmerk auf die vier Dimensionen zur Bewertung von Spitzenpolitikern gesetzt. Es kann deshalb festgehalten werden, dass die Kanzlerfähigkeit des bayerischen Ministerpräsidenten auf implizite Weise durch die Bewertung seiner Leadership-Qualitäten erfolgt. Bei Armin Laschet geschieht dies durch die Bewertung dieser Dimension sowie durch die Beurteilung seiner Themenkompetenz. Die Dimensionen Integrität und Persönliches sind bei der Bewertung der Kanzlerfähigkeit von untergeordneter Bedeutung.

Markus Söder wird in der untersuchten Berichterstattung im Vergleich zu Armin Laschet implizit und explizit eindeutig als der Kanzlerfähigere bewertet. Dafür werden vor allem seine Leadership-Qualitäten herangezogen, die in den meisten Fällen positiv bewertet werden. Er wird außerdem eindeutig als derjenige mit der größeren Kanzlerfähigkeit dargestellt, wenn er mit Armin Laschet verglichen wird. Ein ebenfalls eindeutiges Ergebnis zeigt sich in der Feststellung, dass Armin Laschet in keinem einzigen Fall als derjenige mit der größeren Kanzlerfähigkeit dargestellt wird, wenn er mit Markus Söder verglichen wird. Die Vermutung, dass es sich bei der Darstellung der beiden Politiker um eine Art Wettkampf um das bessere Krisenmanagement gehandelt haben soll, konnte durch die genauere Betrachtung von Textstellen aus dem Untersuchungsmaterial unterstrichen werden. Ebenfalls konnten Passagen gefunden werden, in denen im Zuge der Diskussion um das bessere Krisenmanagement auch die Kanzlerfähigkeit der beiden verglichen wurde. Diese Art Wettkampf wurde teilweise stark kritisiert und in diesem Zuge beide als gleichwertig geeignet oder ungeeignet dargestellt.

## 8.2 Kritische Würdigung und Ausblick

Die vorliegende Arbeit stellt einen relevanten Beitrag zur Schließung der erläuterten Forschungslücke dar. Trotzdem sind einige Limitationen im Hinblick auf das Forschungsdesign zu erkennen. Hierbei ist in erster Linie die geringe Fallzahl der analysierten Beiträge zu nennen, die vor allem die Berechnung signifikanter Zusammenhänge erschwerte. Es musste in sämtlichen Berechnungen der exakte Test nach Fisher angefordert werden, da die erwarteten Zellhäufigkeiten so gering waren, dass eine Repräsentativität der Tests nicht gewährleistet werden konnte. Eine größere Anzahl an Beiträgen hätte vermutlich auch eine vermehrte Anzahl an Bewertungen zur Integrität und den unpolitischen Merkmalen zur Folge. Diese Dimensionen spielten bei der Beantwortung der Forschungsfragen in der vorliegenden Arbeit keine besondere Rolle. Die Tendenzen der Bewertungen in den wenigen auffindbaren Fällen hierzu zeigen vor allem bei Markus Söder in den meisten Fällen eine tendenziell negative Ausprägung. Für weitergehende Erkenntnisse wäre diesbezüglich die Analyse einer größeren Anzahl an relevanten Artikeln zu diesen beiden – die unpolitische Rolle betreffenden – Dimensionen sicherlich interessant. Da der Ursprung der expliziten Entstehung der Debatte über die Kanzlerfähigkeit der beiden Politiker zu keinem bestimmten Zeitpunkt im Untersuchungszeitraum festzustellen war, wäre ein noch früherer Beginn dessen möglicherweise sinnvoll gewesen. Dieser hätte zum Beispiel ab dem Zeitpunkt starten können, an dem der erste registrierte Infektionsfall in Deutschland aufgetreten ist. Der Einbezug eines größeren Zeitraums hätte außerdem eine größere Anzahl an Beiträgen zur Folge.

Die vorliegende Arbeit hatte zum Ziel, einen Gesamtüberblick über die Berichterstattung zu geben. Aus diesem Grund wurde kein Vergleich der drei gewählten Untersuchungsmedien vorgenommen und bei der Wahl der Tageszeitungen auf eine ähnliche Blattlinie geachtet. Um einen Eindruck über Unterschiede in der Berichterstattung zu bekommen, könnte daher ein Vergleich von Tageszeitungen aus dem politisch eher linksgerichteten mit dem rechts-konservativen Spektrum zu interessanten Erkenntnissen führen. Hierbei würde im Hinblick auf die zu Beginn der Arbeit in Abbildung 1 dargestellte Lasswell-Formel (1948) die Ebene des Kanals an Bedeutung gewinnen. Hinsichtlich der Auswahl des jeweiligen Kanals erscheint bei Untersuchung einer Fragestellung wie dieser der Einbezug des Mediums Fernsehen äußerst interessant, da dieses für die Wahlentscheidung an erster Stelle liegt (Schulz, 2015, S. 93–94). In Bezug auf den allgemein wachsenden Einfluss von Sozialen Medien auf die Gesellschaft wäre auch eine Analyse der Social-Media-Kanäle von Markus Söder und Armin Laschet denkbar, wobei hierbei der Fokus auf die Selbstdarstellung gesetzt werden könnte (Schmidt, 2018, S. 111).

Bei weiterer Betrachtung der im einleitenden Kapitel dargestellten Lasswell-Formel könnte für künftige Untersuchungen ein stärkerer Fokus auf die Rezipienten- und Wirkungsseite gesetzt werden. Um herauszufinden, wie die Bevölkerung die Kanzlerfähigkeit der Politiker Markus Söder und Armin Laschet im Kontext der COVID-19-Pandemie wahrnimmt, wäre eine Befragung einer repräsentativen Stichprobe sinnvoll. Dabei kann, wie auch in der vorliegenden Studie, zwischen einer Bewertung der Kanzlerfähigkeit auf implizite und explizite Weise unterschieden werden. Die Ergebnisse im Zusammenhang mit jenen aus der vorliegenden Untersuchung liefern sicher interessante Gemeinsamkeiten und Unterschiede.

Die vorliegende Arbeit zeigte einen Einblick in relevante Inhalte der Wahlforschung. Ein großer Unterschied zu einer gewöhnlichen Wahl wie beispielsweise einer Bundestagswahl, in der die Bürger ihre Stimme für eine Partei abgeben, ist an dieser Stelle die Tatsache, dass sowohl die Wahl des CDU-Vorsitzenden als auch die Ernennung zum Kanzlerkandidaten parteiintern geschieht. Es wäre also für die Bewertung der Kanzlerfähigkeit auch eine Befragung der in diesem Falle berechtigten Wähler sinnvoll. Dabei handelt es sich um die Parteimitglieder der CDU, die ebenfalls durch Einbezug der Bewertungsdimensionen befragt werden können. Auch offene Fragen nach der Einschätzung eines Kandidaten könnten diesbezüglich viele relevante Erkenntnisse liefern.

Fest steht einerseits, dass die vier Dimensionen zur Bewertung von Spitzenpolitikern enorm viel Potenzial für künftige Forschungen liefern. Andererseits sollte vermehrt zu den Gegebenheiten vor einer offiziellen Kanzlerkandidatur geforscht werden, um die vorhandene Lücke weiter zu schließen. In jedem Fall lohnt es sich, die Entwicklungen rund um die kommenden Bundestagswahlen zu verfolgen und diesbezüglich die Geschehnisse in einen Zusammenhang mit der durch die COVID-19-Pandemie bedingten aktuelle Krisensituation zu setzen. Diese wird die Bevölkerung in Deutschland und auf der ganzen Welt vermutlich noch länger begleiten und sicherlich auch weiterhin für teils gravierende Veränderungen im gesellschaftlichen, wirtschaftlichen und auch politischen Bereich sorgen.

# Literaturverzeichnis

Aaldering, L., van der Meer, T., & Van der Brug, W. (2018). Mediated Leader Effects: The Impact of Newspapers' Portrayal of Party Leadership on Electoral Support. *The International Journal of Press/Politics, 23*(1), 70–94. doi:10.1177/1940161217740696.

Aaldering, L., & Vliegenthart, R. (2016). Political leaders and the media. Can we measure political leadership images in newspapers using computer-assisted content analysis? *Quality and Quantity, 50,* 1871–1905. doi:10.1007/s11135-015-0242-9.

Abrams, H. L., & Brody, R. (1998). Bob Dole's Age and Health in the 1996 Election: Did the Media Let Us Down? *Political Science Quarterly, 113*(3), 471–491. doi:10.2307/2658077.

Adamek, S., & Wandt, L. (2020, 7. Mai). Mr. Exit-Laschet oder Lockdown-Söder? *RBB online.* https://www.rbb-online.de/kontraste/archiv/kontraste-vom-07-05-2020/mr-exit-laschet-oder-lockdown-soeder.html. Zuletzt aufgerufen am 12.03.21.

Aelst, P. Van, Sheafer, T., & Stanyer, J. (2011). The personalization of mediated political communication. A review of concepts, operationalizations and key findings. *Journalism, 13*(2), 203–220. doi:10.1177146488 4911427802.

Anderson, C., & Brettschneider, F. (2003). The Likable Winner versus the Competent Loser: Candidate Images and the German Election of 2002. *German Politics & Society, 1*(66), 95–118. doi:10.3167/104503003 782353538.

Bachl, M., Brettschneider F., & Ottler, S. (Hrsg.). (2013). *Das TV-Duell in Baden-Württemberg 2011: Inhalte, Wahrnehmungen und Wirkungen.* Wiesbaden: VS Verlag für Sozialwissenschaften. doi:10.1007/978-3-658-00792-8.

Bachmann, A. (2020). BayernTrend-Analyse: Zustimmung für Söder kein Strohfeuer. *BR.de.* https://www.br.de/nachrichten/bayern/br-baye rntrend-kein-strohfeuer,S0E2C7h. Zuletzt aufgerufen am 12.03.20.

Bartels, L. M. (1988). *Presidential primaries and the dynamics of public choice.* Princeton: Princeton Univ. Pr.

Beck, K. (2012). *Das Mediensystem Deutschlands. Strukturen, Märkte, Regulierung.* Wiesbaden: VS Verlag für Sozialwissenschaften. doi:10.1007/9 78-3-531-94195-0.

Bittner, A. (2011). *Platform or Personality? The Role of Party Leaders in Elections.* Oxford: University Press, Oxford.

Blumenberg, J. N., & Blumenberg, M. S. (2017). The Kretschmann Effect: Personalisation and the March 2016 Länder Elections, *German Politics*, 27(3), 359–379. doi:10.1080/09644008.2017.1342814.

Blumler, J. G., & McQuail, D. (1968). *Television in Politics: Its Use and Influence.* London: Faber and Faber LTD.

Brettschneider, F. (2020). Wahlentscheidung. In I. Borucki, K. Kleinen-von Königslöw, S. Marschall, & T. Zerback (Hrsg.), *Handbuch Politische Kommunikation* (S. 1–14). Wiesbaden: Springer VS. doi:10.1007/978-3-658-26242-6_44-1.

Brettschneider, F. (2017). Wahlkampf: Funktionen, Instrumente und Fake News. *Bürger & Staat 67*(2/3), 146–153.

Brettschneider, F. (2014). Massenmedien und Wählerverhalten. In J. W. Falter, & H. Schoen (Hrsg.), *Handbuch Wahlforschung* (S. 625–661). Wiesbaden: VS Verlag für Sozialwissenschaften. doi:10.1007/978-3-658-05164-8.

Brettschneider, F. (2009a). Die „Amerikanisierung" der Medienberichterstattung über Bundestagswahlen. In O. W. Gabriel, B. Weßels, & J. W. Falter (Hrsg.), *Wahlen und Wähler: Analysen aus Anlass der Bundestagswahl 2005* (S. 510–535). Wiesbaden: VS Verlag für Sozialwissenschaften. doi:10.1007/978-3-531-91666-8.

Brettschneider, F. (2009b). Massenmedien und Wahlkampf: Amerikanisierung, Kandidaten- oder Themenorientierungen. *Bürger & Staat, 59*(2), 103–111.

Brettschneider, F. (2002a). Spitzenkandidaten und Wahlerfolg. Personalisierung - Kompetenz - Parteien; ein internationaler Vergleich. Wiesbaden: Westdeutscher Verlag.

Brettschneider, F. (2002b). Kanzlerkandidaten im Fernsehen. *Media Perspektiven, 6,* 263–276.

Brettschneider, F. (2001). Candidate-Voting. Die Bedeutung von Spitzenkandidaten für das Wählerverhalten in Deutschland, Großbritannien und den USA von 1960 bis 1998. In: H.-D. Klingemann, & M. Kaase (Hrsg.), *Wahlen und Wähler. Analysen aus Anlass der Bundestagswahl 1998* (S. 351–400). Opladen, Wiesbaden: Westdeutscher Verlag. doi:10.1007/978-3-322-95630-9.

Brettschneider, F. (1998). Kohl oder Schröder: Determinanten der Kanzlerpräferenz gleich Determinanten der Wahlpräferenz? *Zeitschrift für Parlamentsfragen, 29*(3), 401–421.

Brettschneider, F., & Bachl., M. (2013). Kandidaten-Images und ihre Bedeutung für die Wahlabsicht. In M. Bachl, F. Brettschneider, & S. Ottler (Hrsg.), *Das TV-Duell in Baden-Württemberg 2011: Inhalte, Wahrnehmungen und Wirkungen* (S. 199–219). Wiesbaden: VS Verlag für Sozialwissenschaften. doi:10.1007/978-3-658-00792-8.

Brettschneider, F., van Deth, J., & Roller, E. (Hrsg.). (2004). Die Bundestagswahl 2002. Analysen der Wahlergebnisse und des Wahlkampfes. Wiesbaden: VS Verlag für Sozialwissenschaften. doi:10.1007/978-3-322-80998-8.

Brettschneider, F., Neller, K., & Anderson, C. J. (2006). Candidate Images in the 2005 German National Election, *German Politics, 15*(4), 481–499. doi:10.1080/09644000601062667.

Brosius, H.-B., Haas, A., & Koschel, F. (2016). Methoden der empirischen Kommunikationsforschung. Eine Einführung. Wiesbaden: VS Verlag für Sozialwissenschaften. doi:10.1007/978-3-531-94214-8.

Bundesregierung (2021). *Informationen über das Virus.* Verfügbar unter: https://www.bundesregierung.de/breg-de/themen/coronavirus/informationen-zum-coronavirus-1734932. Zuletzt aufgerufen am 11.03.2021.

Campbell, A., Converse, P. E., Miller, W. E., & Stokes, D. E. (1960). *The American Voter.* New York: John Wiley & Sons.

Campbell, A., Gurin, G., & Miller, W. E. (1954). *The Voter Decides.* Evanston: White Plains: Row, Peterson and Company.

Carlson, J. M. (1984). The Impact Of Ethnicity on Candidate Image. *Polity, 16*(4), 667–672.

CDU.de (2020). *Kandidaten für den CDU-Vorsitz.* Verfügbar unter: https://www.cdu.de/faq-zum-kandidatenverfahren. Zuletzt aufgerufen am 10.03.21.

Conover, P. J., & Feldman, S. (1989). Candidate Perception in an Ambiguous World: Campaigns, Cues, and Inference Processes. *American Journal of Political Science, 33*(4). 912–940.

Dahlem, S. (2001). Wahlentscheidung in der Mediengesellschaft. Theoretische und empirische Grundlagen der interdisziplinären Wahlforschung. Freiburg, München: Verlag Karl Alber.

Dambeck, H., Dettmer, M., Eberle, L., Friedmann, J., & Medick, V. (2020, 17. Oktober). Zampano gegen Zauderer. *Der Spiegel.* https://blendle.com/i/der-spiegel/zampano-gegen-zauderer/bnl-derspiegel-20201017-9e521972698?sharer=eyJ2ZXJzaW9uIjoiMSIsInVpZCI6InNvcGhpZXh4h4OTQiLCJpdGVtX2lkIjoiYm5sLWRlcnNwaWVnWWtMjAyMDEwMTctOWU1MjE5NzI2OTgifQ%3D%3D. Zuletzt aufgerufen am 18.03.2021.

Debus, M. (2010). Sympathien gegenüber politischen Akteuren und ihre Auswirkungen auf die individuelle Wahlentscheidung: Mehr als nur eine Nebensache? In T. Faas, K. Arzheimer, & S. Roßteutscher (Hrsg.), *Information - Wahrnehmung - Emotion. Politische Psychologie in der Wahl- und Einstellungsforschung* (S. 291-315). Wiesbaden: VS Verlag für Sozialwissenschaften. doi:10.1007/978-3-531-92336-9.

Doering-Manteuffel, A. (2019). Amerikanisierung und Westernisierung. *Docupedia-Zeitgeschichte*, 1-23. doi:10.14765/zzf.dok-1599.

Donsimoni, J., Glawion, R., Hartl, T. Plachter, B., Timmer, J., Wälde, K., ... Weiser, C. (2020). Covid-19 in Deutschland - Erklärung, Prognose und Einfluss gesundheitspolitischer Maßnahmen. *Perspektiven der Wirtschaftspolitik 2020, 21*(3), 250-262.

Dudenredaktion (2021). *Spitzenpolitiker.* Verfügbar unter: https://www.duden.de/rechtschreibung/Spitzenpolitiker. Zuletzt aufgerufen am 19.03.2021.

Faßbinder, K. (2009). Endspurt. Mediales Horse-Racing im Wahlkampf. *Publizistik, 54*, 499-512. doi:10.1007/s11616-009-0062-9.

Feiks, M. (2016). Datenerhebung mit Excel. Eine Anleitung zur Umsetzung von *Inhaltsanalysen und Befragungen.* Wiesbaden: VS Verlag für Sozialwissenschaften. doi:10.1007/978-3-658-11655-2.

Fickermann, D., & Edelstein, B. (2020). „Langsam vermisse ich die Schule...". Schule während und nach der Corona-Pandemie. *DDS - Die Deutsche Schule, 16*, 9-33. doi:10.31244/9783830992318.01.

Filzmaier, P., & Plasser, F. (2001). *Wahlkampf um das Weiße Haus. Presidential Elections in den USA.* Wiesbaden: VS Verlag für Sozialwissenschaften. 10.1007/978-3-663-11803-9.

Fried, N., & Herrmann, B. (2020, 22. März). Wie die Telefonkonferenz eskalierte. *Süddeutsche Zeitung.* https://www.sueddeutsche.de/politik/coronavirus-telefonkonferenz-merkel-soeder-laschet-1.4853990. Zuletzt aufgerufen am 12.03.21.

Früh, W. (2015). *Inhaltsanalyse.* Konstanz: UVK Verlagsgesellschaft mbH.

Gabriel, O.W., Keil, S. I., & Thaidigsmann, S. I. (2009). Kandidatenorientierungen und Wahlentscheid bei der Bundestagswahl 2005. In O. W. Gabriel, B. Weßels, & J. W. Falter (Hrsg.), *Wahlen und Wähler. Analysen aus Anlass der Bundestagswahl 2005* (S. 267-307). Wiesbaden: VS Verlag für Sozialwissenschaften.

Genz, A., Schönbach, K., & Semetko, H. A. (2001). „Amerikanisierung"? Politik in den Fernsehnachrichten während der Bundestagswahlkämpfe 1990-1998. In H.-D. Klingemann, & M. Kaase (Hrsg.), *Wahlen und Wähler. Analysen aus Anlass der Bundestagswahl 1998* (S. 401-415). Opladen, Wiesbaden: Westdeutscher Verlag.

Gortana, F., Klack, M., Schröter, A., Stahnke, J., Stockrahm, S., & Tröger, J. (2020, 11. März). Wie das Coronavirus nach Deutschland kam. *Die Zeit.* https://www.zeit.de/wissen/gesundheit/2020-03/coronavirus-ausbreitung-zeitverlauf-landkreise-staedte-karte. Zuletzt aufgerufen am 12.03.2021.

Hall, A. B. (2015). What Happens When Extremists Win Primaries? *American Political Science Review, 109*(1), 18–42.

Hartmann, J. (2007). *Persönlichkeit und Politik.* Wiesbaden: VS Verlag für Sozialwissenschaften. doi:10.1007/978-3-531-90718-5.

Henkel, S. (2020, 7. Juli). Söder, die K-Frage und die Hintertür. *Tagesschau.de.* https://www.tagesschau.de/inland/k-frage-101.html. Zuletzt aufgerufen am 17.03.2021.

Holtz-Bacha, C., Langer, A. I., & Merkle, S. (2014). The personalization of politics in comparative perspective: Campaign coverage in Germany and the United Kingdom. *European Journal of Communication 29*(2), 153–170. doi:10.1177/0267323113516727.

Huld, S. (2020, 23. März). Seht her, ich kann Krise. *Ntv.de.* https://www.n-tv.de/politik/Seht-her-ich-kann-Krise-article21662631.html. Zuletzt aufgerufen am 12.03.21

Imöhl, S., & Ivanov, A. (2020, 29. Oktober). Coronavirus: So hat sich die Lungenkrankheit in Deutschland entwickelt. *Das Handelsblatt.* https://www.handelsblatt.com/politik/deutschland/covid-19-in-deutschlandcoronavirus-so-hat-sich-die-lungenkrankheit-in-deutschland-entwickelt/25584942.html?ticket=ST-7682018-WUXJmrmR3sd3vfITCFdY-ap2. Zuletzt aufgerufen am 06.11.20

Kepplinger, H. M. (2009). *Politikvermittlung.* Wiesbaden: VS Verlag für Sozialwissenschaften. doi:10.1007/978-3-531-91504-3.

Kindelmann, K. (1994). Kanzlerkandidaten in den Medien. Eine Analyse des Wahljahres 1990. Opladen: Westdeutscher Verlag.

Kinder, D. R. (1986). Presidential Character Revisited. In R. R. Lau, & D. O. Sears (Hrsg.), *Political Cognition. The 19th Annual Carnegie Symposium on Cognition* (S. 233–257). Hillsdale, London: Lawrence Erlbaum.

Kinder, D. R., & Fiske, S. T. (1986). Presidents in the Public Mind. In M. G. Hermann (Hrsg.), *Political Psychology* (S. 193–218). San Francisco, London: Jossey-Bass.

Kirchler, E., Pitters, J., & Kastlunger, B. (2020). *Psychologie in Zeiten der Krise. Eine wirtschaftspsychologische Analyse der Coronavirus-Pandemie.* Wiesbaden: Springer. doi:10.1007/978-3-658-31271-8.

Kirchner, M. (2020). *Die Union ein Jahr vor der Bundestagswahl – CDU als stärkste Kraft?* Verfügbar unter: https://moritz-kirchner.de/die-union-ein-jahr-vor-der-bundestagswahl-cdu-als-staerkste-kraft/. Zuletzt aufgerufen am 10.03.2021.

Klein, M., & Ohr, D. (2001). Die Wahrnehmung der politischen und persönlichen Eigenschaften von Helmut Kohl und Gerhard Schröder und ihr Einfluß auf die Wahlentscheidung bei der Bundestagswahl 1998. In H.-D. Klingemann, & M. Kaase (Hrsg.), *Wahlen und Wähler. Analysen aus Anlass der Bundestagswahl 1998* (S. 91–133). Wiesbaden: VS Verlag für Sozialwissenschaften. doi:10.1007/978-3-322-95630-9.

Klein, M., & Ohr, D. (2000). Gerhard oder Helmut? 'Unpolitische' Kandidateneigenschaften und ihr Einfluss auf die Wahlentscheidung bei der Bundestagswahl 1998. *Politische Vierteljahresschrift, 41*, 199–224.

Klein, M., Ohr, D., & Heinrich, S. (2002). Spitzenkandidaten im Wahlkampf. Die Veränderbarkeit von Kandidatenimages durch Wahlkampf und Medien, untersucht am Beispiel der nordrhein-westfälischen Landtagswahl vom 14. Mai 2000. *Publizistik, 47*(4), 412–435.

Klein, M., & Rosar, U. (2016). Problem-Peer und die (Über-)Mutter der Nation: Kanzlerkandidaten und Wahlentscheidung bei der Bundestagswahl 2013. In H. Schoen, & B. Weßels (Hrsg.), *Wahlen und Wähler. Analysen aus Anlass der Bundestagswahl 2013* (S. 91–111). Wiesbaden: VS Verlag für Sozialwissenschaften. doi:10.1007/978-3-658-11206-6.

Klumpp, T., & Polborn, M. K. (2006). Primaries and the New Hampshire Effect. *Journal of Public Economics, 90*, 1073–1114.

Kriesi, H. (2012). Personalization of national election campaigns. *Party Politics, 18*(6), 825–844. doi:10.1177/1354068810389643.

Kuhne, S., Kroh, M., Liebig, S., Rees, J., Zick, A., Entringer, T., ... Zinn, S. (2020). *Gesellschaftlicher Zusammenhalt in Zeiten von Corona: Eine Chance in der Krise?* (SOEPpapers on Multidisciplinary Panel Data Research, No. 1091). Berlin: Deutsches Institut für Wirtschaftsforschung (DIW).

Kühnel, S. & Mays, A. (2009). Das Michigan-Modell des Wahlverhaltens und die subjektive Sicht der Wähler. Zur Korrespondenz der Effekte von Parteineigung, Kandidatenbewertungen und Urteilen zu politischen Sachthemen mit der subjektiven Begründung von Wahlentscheidungen. In S. Kühnel, O. Niedermayer, & B. Westle (Hrsg.), *Wähler in Deutschland. Sozialer und politischer Wandel, Gender und Wahlverhalten* (S. 329–365). Wiesbaden: VS Verlag für Sozialwissenschaften. doi:10.1007/978-3-531-91661-3.

Küsters, H. J., & Borchard, M. (2020). Geschichte der CDU: Angela Merkel. *Konrad-Adenauer-Stiftung*. Verfügbar unter: https://www.kas.de/de/web/geschichte-der-cdu/personen/biogramm-detail/-/content/angela-merkel-1. Zuletzt aufgerufen am 01.03.21

Lange, S. (2021, 22. Januar). Armin Laschet in Briefwahl als CDU-Vorsitzender bestätigt. *Augsburger Allgemeine*. https://www.augsburger-allgemeine.de/politik/Armin-Laschet-in-Briefwahl-als-CDU-Vorsitzender-bestaetigt-id58956211.html. Zuletzt aufgerufen am 12.03.21

Lass, J. (1995). Vorstellungsbilder über Kanzlerkandidaten. Zur Diskussion um die Personalisierung von Politik. Wiesbaden: Deutscher Universitätsverlag.

Lasswell, H. D. (1948). The Structure and Function of Communication in Society. In L. Bryson (Hrsg.), *The Communication of Ideas. A Series of Addresses* (S. 37–51). New York: Harper & Bros.

Leidecker-Sandmann, M., & Wilke, J. (2019). Aus dem Rahmen fallend oder eher „middle of the road"? Die Presseberichterstattung zur Bundestagswahl 2017 im Langzeitvergleich. *Die (Massen-)Medien im Wahlkampf: Die Bundestagswahl 2017* (S. 209–243). Wiesbaden: Springer Fachmedien. doi:10.1007/978-3-658-24824-6_9.

Leidecker, M., & Wilke, J. (2016). Do candidates matter? Oder: This time it's different. Die deutsche Presseberichterstattung über die Europawahl 2014 im Langzeitvergleich. In C. Holtz-Bacha (Hrsg.), *Europawahlkampf 2014. Internationale Studien zur Rolle der Medien* (S. 205–232). Wiesbaden: VS Verlag für Sozialwissenschaften. doi:10.1007/978-3-658-11020-8.

Leidecker, M., & Wilke, J. (2015). Langweilig? Wieso langweilig? Die Presseberichterstattung zur Bundestagswahl 2013 im Langzeitvergleich. In C. Holtz-Bacha (Hrsg.), *Die Massenmedien im Wahlkampf. Die Bundestagswahl 2013* (S. 145–172). Wiesbaden: VS Verlag für Sozialwissenschaften. doi:10.1007/978-3-658-06151-7.

Lucke, A. von (2020). Die Corona-Wende: Markus Söder ante portas. *Blätter für deutsche und internationale Politik*. Verfügbar unter: https://www.blaetter.de/ausgabe/2020/juli/die-corona-wende-markus-soeder-ante-portas. Zuletzt aufgerufen am 10.03.2021.

Magin, M. (2015). Shades of mediatization: Components of media logic in German and Austrian elite Newspapers (1949-2009). *The International Journal of Press/Politics, 20*(4), 415–437. doi:10.1177/1940161215595944.

McAllister, I. (2007). Personalization. In R. J. Dalton, & H.-D. Klingemann (Hrsg.), *The Oxford handbook of political behaviour* (S. 571–588). Oxford: Oxford University Press. doi:10.1093/oxfordhb/9780199270125.003.0030.

Merlot, J. (2020, 16. Mai). Die unglückliche Reise von Patientin null. *Spiegel Wissenschaft*. https://www.spiegel.de/wissenschaft/medizin/erste r-corona-fall-in-deutschland-die-unglueckliche-reise-von-patientin-0-a-2096d364-dcd8-4ec8-98ca-7a8ca1d63524. Zuletzt aufgerufen am 06.11.2020.

Miller, M., Andsager, J., & Riechert, B. (1998). Framing The Candidates In Presidential Primaries: Issues And Images In Press Releases And News Coverage. *Journalism & Mass Communication Quarterly, 75*(2), 312-324.

Niebler, S. (2020). Vote-by-Mail: COVID-19 and the 2020 Presidential Primaries. *Society, 57.* 547-553.

Ohr, D., Klein, M., & Rosar, U. (2013). Bewertungen der Kanzlerkandidaten und Wahlentscheidung bei der Bundestagswahl 2009. In B. Weßels, H. Schoen, & O. W. Gabriel (Hrsg.), *Wahlen und Wähler. Analysen aus Anlass der Bundestagswahl 2009* (S. 206-230). Wiesbaden: Springer Fachmedien. doi:10.1007/978-3- 658-01328-8_9.

Otto, F. (2020, 22. März). Wer ist der allerbeste Viren-Killer im Land? *Zeit Online*. https://www.zeit.de/politik/deutschland/2020-03/corona-virus-deutschland-eindaemmung-kontaktverbot-massnahmen-bun d-laender?utm_referrer=https%3A%2F%2Fwww.google.com. Zuletzt aufgerufen am 12.03.21.

Pfetsch, B., & Schmitt-Beck, R. (1994). Amerikanisierung von Wahlkämpfen? Kommunikationsstrategien und Massenmedien im politischen Mobilisierungsprozeß. In M. Jäckel (Hrsg.), *Politik und Medien. Analysen zur Entwicklung der politischen Kommunikation* (S. 231-252). Berlin: VISTAS-Verlag.

Raupp, J. (2021). Personalisierung. In I. Borucki, K. Kleinen-von Königslöw, S. Marschall, & T. Zerback (Hrsg.), *Handbuch Politische Kommunikation*. Wiesbaden: Springer VS. doi:10.1007/978-3-658-26242-6_29-1.

Reinemann, C. & Wilke, J. (2007). It's the debates, stupid! How the introduction of televised debates hanged the portrayal of chancellor candidates in the German press, 1949-2005. *Press/Politics, 12*(4), 92-111. doi:10.1177/1081180X07307185.

Robert-Koch-Institut (2021). *Risikobewertung zu COVID-19*. Verfügbar unter: https://www.rki.de/DE/Content/InfAZ/N/Neuartiges_Coro navirus/Risikobewertung.html. Zuletzt aufgerufen am 17.03.2021.

Robert-Koch-Institut (2009). *Was ist eine Pandemie?* Verfügbar unter: https://www.rki.de/SharedDocs/FAQ/Pandemie/FAQ18.html. Zuletzt aufgerufen am 17.03.2021.

Römmele, A. (2017). Konkurrenten um die Kanzlerschaft. *Bürger & Staat, 67*(2/3), 132-141.

Rössler, P. (2017). *Inhaltsanalyse*. Konstanz: UVK Verlagsgesellschaft mbH.

Rössler, P. (2011). *Skalenhandbuch Kommunikationswissenschaft*. Wiesbaden: VS Verlag für Sozialwissenschaften.

Rosar, U. (2009). Fabulous Front-Runners. Eine empirische Untersuchung zur Bedeutung der physischen Attraktivität von Spitzenkandidaten für den Wahlerfolg ihrer Parteien. *Politische Vierteljahresschrift 50*(4), 754-773.

Rosar, U., & Klein, M. (2014). The physical attractiveness of front-runners and electoral success. An empirical analysis of the 2004 European Parliament elections. *Zeitschrift für vergleichende Politikwissenschaft, 8*, 197-209. doi:10.1007/s12286-014-0206-9.

Rosar, U., & Klein, M. (2013). Pretty Politicians. Die physische Attraktivität von Spitzenkandidaten, ihr Einfluss bei Wahlen und die These der Personalisierung des Wahlverhaltens. In T. Faas, K. Arzheimer, S. Roßteutscher, & B. Weßels (Hrsg.), *Koalitionen, Kandidaten, Kommunikation* (S. 149-173). Wiesbaden: VS Verlag für Sozialwissenschaften.

Schell, T. S. (2019). Personalisierungstrends der Wahlentscheidung. Spitzenkandidaten und Kontextbedingungen bei westdeutschen Landtagswahlen. Wiesbaden: VS Verlag für Sozialwissenschaften. doi:10.1007/978-3-658-26838-1.

Scheurle, C. (2009). Die deutschen Kanzler im Fernsehen. Theatrale Darstellungsstrategien von Politikern im Schlüsselmedium der Nachkriegsgeschichte. Bielefeld: transcript Verlag.

Schmidt, J.-H. (2018). *Social Media* (2. Aufl.). Wiesbaden: Springer Fachmedien.

Schoen, H. (2014). Wahlkampfforschung. In J. W. Falter, & H. Schoen (Hrsg.), *Handbuch Wahlforschung* (S. 661-729). Wiesbaden: Springer VS. doi:10.1007/978-3-658-05164-8.

Schoen, H., & Weins, C. (2014). Der sozialpsychologische Ansatz zur Erklärung von Wahlverhalten. In J. W. Falter, & H. Schoen (Hrsg.), *Handbuch Wahlforschung* (S. 241-331). Wiesbaden: Springer VS. doi:10.1007/978-3-658-05164-8.

Schulz, W. (2015). *Medien und Wahlen*. Wiesbaden: VS Verlag für Sozialwissenschaften. doi:10.1007/978-3-658-00857-4.

Schulz, W. (1990). Die Konstruktion von Realität in den Nachrichtenmedien: Analyse der aktuellen Berichterstattung (2. Aufl.). Freiburg, München: Alber.

Sigel, R. (1964). Effect of Partisanship on the Perception of Political Candidates. *Public Opinion Quarterly, 28*, 483-496.

Sonnenberg, A.-K. (2020). Sonntagsfrage: CDU/CSU legt weiter zu – Verlierer sind die Grünen. *YouGov Deutschland.* Verfügbar unter: https://yougov.de/news/2020/04/30/sonntagsfrage-cducsu-legt-weiter-zu-verlierer-sind/. Zuletzt aufgerufen am 22.02.21.

Stegemann, J. (2020, 22. Juni). „Es riecht ein bisschen nach Lockdown, ja". *Süddeutsche Zeitung.* https://www.sueddeutsche.de/politik/corona-ausbruch-toennies-guetersloh-moeglicher-lockdown-1.4944001. Zuletzt aufgerufen am 01.03.21.

Striewski, R. (2020, 31. Juli). Wo ist eigentlich Armin Laschet? *WDR.de.* https://www1.wdr.de/nachrichten/landespolitik/laschet-corona-100.html. Zuletzt aufgerufen am 12.03.21

Tagesschau.de (2020, 8. Mai). *16 Wege aus der Corona-Krise.* Verfügbar unter: https://www.tagesschau.de/inland/corona-lockerung-bundeslaender-103.html. Zuletzt aufgerufen am 12.03.21.

Vetter, A., & Brettschneider, F. (1998). "Idealmaße" für Kanzlerkandidaten. *ZUMA-Nachrichten, 43,* 90–115.

Vonberg, R.- P. (2006). Epidemiologische Grundlagen. In F. Daschner, M. Dettenkofer, U. Frank, & M. Scherrer (Hrsg.), *Praktische Krankenhaushygiene und Umweltschutz* (S. 19–36). Heidelberg: Springer Medizin Verlag.

Weischenberg, S., Malik, M., & Scholl, A. (2006). Journalismus in Deutschland 2005. *Media Perspektiven, 7,* 346–361.

Westle, B, (2009). Die Spitzenkandidatin Angela Merkel (CDU/CSU) und der Spitzenkandidat Gerhard Schröder (SPD) in der Wahrnehmung der Bevölkerung bei der Bundestagswahl 2005. In S. Kühnel, O. Niedermayer, & B. Westle (Hrsg.), *Wähler in Deutschland. Sozialer und politischer Wandel, Gender und Wahlverhalten* (S. 329–365). Wiesbaden: VS Verlag für Sozialwissenschaften. doi:10.1007/978-3-531-91661-3.

WHO-Regionalbüro für Europa (2020). *Pandemie der Coronavirus-Krankheit (COVID-19).* Verfügbar unter: https://www.euro.who.int/de/health-topics/health-emergencies/coronavirus-covid-19/novel-coronavirus-2019-ncov. Zuletzt aufgerufen am 12.03.2021.

Wiencierz, C. (2017). Vertrauen in politische Parteien. Der Einfluss von Gesprächen über Wahlwerbung auf die Vertrauenswürdigkeit. Wiesbaden: Springer Fachmedien.

Wilke, J., & Reinemann, C. (2000). Kanzlerkandidaten in der Wahlkampfberichterstattung. Eine vergleichende Studie zu den Bundestagswahlen 1949–1998. Köln, Weimar, Wien: Böhlau Verlag.

Zeh, J. (1992). Parteien und Politiker in der Wahlberichterstattung europäischer Tageszeitungen. Frankfurt am Main: Lang.

Zeh, R. (2005). Kanzlerkandidaten im Fernsehen. Eine Analyse der Berichterstattung der Hauptabendnachrichten in der heißen Phase der Bundestagswahlkämpfe 1994 und 1998. München: R. Fischer.

Zeh, R., & Schulz, W. (2019). Merkel und Schulz im Fernsehen und ein Blick zurück auf acht Wahlkämpfe. In C. Holtz-Bacha (Hrsg.), *Die (Massen-) Medien im Wahlkampf: Die Bundestagswahl 2017* (S. 243–263). Wiesbaden: Springer Fachmedien. doi:10.1007/978-3-658-24824-6_9.

**Anhang 1**

Codebuch

# CODEBUCH

Die Rolle der Kanzlerfähigkeit der Politiker Markus Söder und Armin Laschet in der deutschen Presseberichterstattung über die COVID-19-Pandemie

# 1 Allgemeines

Das vorliegende Kapitel befasst sich mit allgemeinen Aspekten im Hinblick auf das Analyseinstrument. Zunächst wird das Thema und das Forschungsinteresse der vorliegenden Arbeit sowie die Forschungsfragen dargestellt. Anschließend werden die wichtigsten Begriffe definiert sowie das Untersuchungsmaterial und die Analyseeinheit beschrieben.

## *1.1 Thema und Forschungsinteresse*

Die vorliegende Arbeit geht der Frage nach, welche Rolle die Kanzlerfähigkeit der Politiker Markus Söder und Armin Laschet in der durch die COVID-19-Pandemie geprägten deutschen Presseberichterstattung einnimmt. Markus Söder ist Ministerpräsident des Bundeslandes Bayern, Armin Laschet sein Amtskollege aus Nordrhein-Westfalen. Aufgrund der unterschiedlichen Art und Weise, wie die beiden Politiker im Zuge der Krise auftraten und handelten, wurde in den Medien eine Debatte über eine mögliche Kanzlerkandidatur beider Politiker lauter. Im Hinblick auf die Bundestagswahl im Jahr 2021 steht der Kanzlerkandidat für die CDU/CSU noch nicht fest. Auch der neue CDU-Parteivorsitzende war zum Zeitpunkt der Untersuchung noch nicht gewählt. Mit diesem Posten kann eine Kanzlerkandidatur verbunden sein. Obwohl Markus Söder im Gegensatz zu Armin Laschet zunächst nicht als möglicher Kandidat gehandelt wurde, wurde er aufgrund seiner positiven Umfragewerte im

Zuge der Corona-Krise mit diesem Posten in Verbindung gebracht. Es handelt sich also nicht um einen klassischen Wahlkampf, sondern um die Geschehnisse vor der Ernennung eines Kanzlerkandidaten sowie die mediale Darstellung der potentiellen Kandidaten. Hier setzt das Forschungsinteresse der vorliegenden Arbeit an. Die vorliegende Arbeit geht der Frage nach, welche Rolle die Kanzlerfähigkeit der Politiker Markus Söder und Armin Laschet in der Medienberichterstattung über die COVID-19-Pandemie spielt.

Neben der Bestimmung verschiedener Dimensionen zur Bewertung von Spitzenpolitikern in der Berichterstattung liegt das Hauptinteresse darin, mögliche Aspekte herauszuarbeiten, an denen die Kanzlerfähigkeit festgemacht wird. Außerdem ist es Ziel herauszufinden, wann in der Berichterstattung um die COVID-19-Pandemie die Debatte um die Kanzlerkandidatur überhaupt aufgekommen ist. Außerdem sollen Gemeinsamkeiten und Unterschiede hinsichtlich der Bewertung der Kanzlerfähigkeit von Markus Söder und Armin Laschet herausgefunden werden. Für die Analyse werden Artikel aus den überregionalen Tageszeitungen *Frankfurter Allgemeine Zeitung* und *Die Welt* sowie dem wöchentlich erscheinende Magazin *Der Spiegel* herangezogen.

## 1.2 Forschungsfragen

Die vorliegende Arbeit beschäftigt sich im Allgemeinen mit den folgenden Forschungsfragen:

*FF1: Welche Rolle spielt die Kanzlerfähigkeit der Politiker Markus Söder und Armin Laschet in der Medienberichterstattung über die COVID-19-Pandemie?*

> *FF1a: Welche Dimensionen zur Bewertung von Spitzenpolitikern finden sich in der Medienberichterstattung wieder?*

> *FF1b: Inwiefern hat sich die Gewichtung der Dimensionen im Untersuchungszeitraum verändert?*

> *FF1c: Wann tauchte explizit die Diskussion über die Kanzlerfähigkeit in der Medienberichterstattung auf?*

*FF2: An welchen Aspekten wird diese Kanzlerfähigkeit festgemacht?*

> *FF2a: Auf welchen Dimensionen basiert die Bewertung der Kanzlerfähigkeit?*

> *FF2b: Welche Gemeinsamkeiten und Unterschiede finden sich in der Berichterstattung zwischen Markus Söder und Armin Laschet im Hinblick auf ihre Kanzlerfähigkeit wieder?*

## 1.3 Definition relevanter Begriffe

Um jegliche Zweifel und Unklarheiten bei der Codierung auszuschließen, werden die für die Codierung wichtigsten Begriffe kurz definiert.

**Themenkompetenz**

Die Bewertung des Kandidaten erfolgt anhand seiner Themen- bzw. Problemlösungskompetenz. Dabei ist es entscheidend, die politischen Standpunkte der Kandidaten zu bestimmten Sachfragen und die Fähigkeit der Kandidaten zur Lösung dieser zu betrachten. Es sind jene Themengebiete wichtig, die von den Bürgern als wichtig angesehen werden. Beispiele hierzu sind die wirtschaftliche Stärkung des jeweiligen Landes, der Kampf gegen die Arbeitslosigkeit oder die Sicherung von Arbeitsplätzen. Außerdem können auch länder- oder zeitspezifische Problembereiche hinzukommen. In Anbetracht der aktuellen gesellschaftlichen Lage ist der Umgang mit der COVID-19-Pandemie durch die verantwortlichen Politiker ebenfalls ein wichtiges Element zur Bewertung der Themenkompetenz. Signalwörter für einen Politiker mit starker Themenkompetenz können kompetent, klug, gut ausgebildet, professionell, erfahren, einsichtsvoll, strategisch oder sachkundig sein. Negative Eigenschaften sind zum Beispiel inkompetent, uninformiert, gedankenlos, unwissend, unklug, rücksichtslos oder dumm.

### Leadership-Qualitäten

Die Bewertung des Kandidaten erfolgt anhand seiner Leadership-Qualitäten. Wichtige Elemente, die dazu zählen, sind zum Beispiel Führungsstärke, Entscheidungsfreude oder Tatkraft. Signalwörter für einen Politiker mit Führungsstärke sind beispielsweise entschlossen, dominant, mutig, hartnäckig, ausdauernd, zuversichtlich oder dynamisch. Wird von unsicher, schwach, weich, unterwürfig oder einem „Schwächling" gesprochen, kann von einem Politiker mit dem Image einer schwachen Führungspersönlichkeit ausgegangen werden.

### Integrität

Die Bewertung erfolgt anhand der wahrgenommenen Integrität eines Politikers. Damit ist der Eindruck gemeint, der Politiker sei ehrlich und vertrauenswürdig. Außerdem kann in diesem Zusammenhang unter Integrität verstanden werden, ob ein Politiker auf die Bedürfnisse, Wünsche oder Forderungen seines Landes eingeht oder sich nur von den eigenen leiten lässt. In der Berichterstattung können beispielsweise Adjektive wie ehrenhaft, respektabel, ehrlich, anständig und nicht korrupt ein Hinweis für Integrität sein. Ein Spitzenpolitiker ohne Integrität kann zum Beispiel mit den Eigenschaften betrügerisch, verlogen, unaufrichtig, verdorben oder korrupt betitelt werden.

## Unpolitische Merkmale / Persönliches

Der Politiker wird anhand seiner unpolitischen oder persönlichen Merkmale bewertet. Die Dimension der unpolitischen Merkmale ist die einzige Dimension, die sich nicht mit der Aktivität der politischen Rolle befasst. Kriterien zur Messung dieser Dimension sind die Bewertung des persönlichen Geschmacks, der menschlichen Sympathie und die jeweilige Ausstrahlung. Außerdem zählen Informationen über das Alter, das Aussehen, die Herkunft oder auch die Zugehörigkeit zu einer bestimmten Religion zu dieser Kategorie.

## Kanzlerfähigkeit

Der Politiker wird anhand seiner Kanzlerfähigkeit bewertet. Es wird hierbei zwischen impliziten und expliziten Bewertungen der Kanzlerfähigkeit unterschieden. Im Hinblick auf eine implizite Aussage kann im Kontext der vorliegenden Arbeit von einem kanzlerfähigen Politiker gesprochen werden, wenn ihm auf implizite Weise bestimmte Eigenschaften zugesprochen werden, die ein idealer Kanzler haben sollte. Bei einer Kombination aus hoher Themenkompetenz, guten Leadership-Qualitäten, viel Integrität und positiven unpolitischen beziehungsweise persönlichen Eigenschaften kann von einem „idealen" Kanzlerkandidaten bzw. Kanzler ausgegangen werden. Von einer expliziten Aussage über die Kanzlerfähigkeit kann gesprochen werden, wenn in einem Beitrag explizit darauf hingewiesen wird, dass

Markus Söder oder Armin Laschet kanzlerfähig oder -unfähig sind. Eine explizite Erwähnung kann zum Beispiel durch Signalwörter wie „Kanzlerkandidatur", oder „kanzlerfähig" festgestellt werden. Außerdem werden Bemerkungen im Hinblick auf den CDU-Parteivorsitz ebenfalls betrachtet, da dieser Posten häufig mit einer Kanzlerkandidatur verbunden ist.

## *1.4 Untersuchungszeitraum und Stichprobe*

Untersucht werden Beiträge aus den überregionalen Tageszeitungen *Frankfurter Allgemeine Zeitung* und *Die Welt* sowie dem wöchentlich erscheinenden Nachrichtenmagazin *Der Spiegel*. Es wurden vorab keine Ressorts und Formate festgelegt. Gefiltert wurden die Beiträge in den jeweiligen Online-Archiven der Zeitungen, die durch die Universität Hohenheim zugänglich sind. Es wurden im ersten Schritt die Suchbegriffe „Söder Corona", „Laschet Corona" sowie „Söder Laschet Corona" eingegeben. Da in den Medien die offizielle Bezeichnung „COVID-19" nicht so gängig ist wie diverse umgangssprachliche Bezeichnungen rund und den Begriff „Corona", wurde sich bei der Sucheingabe auf letzteres beschränkt. In einem zweiten Schritt wurden einige in den Suchergebnissen enthaltende Beiträge ausgeschlossen. Hierzu gehören zum einen Interviews mit den Politikern Markus Söder und Armin Laschet sowie solche mit anderen Politikern oder Personen des öffentlichen Lebens. Dies wird damit begründet, dass der Fokus der vorliegenden Arbeit auf Berichten, Reportagen, Kommentaren und ähnlichen

Darstellungsformen liegen soll. Ausgeschlossen werden außerdem Leserkommentare und andere in die Suchergebnisse gefallene Beiträge ohne Relevanz, wie beispielsweise reine Inhaltsverzeichnisse. Es liegen insgesamt 493 Artikel vor.

Untersucht wird der Zeitraum zwischen dem 11. März 2020 und dem 31. Juli 2020. Der Beginn der Untersuchung mit Beiträgen vom 11. März 2020 wird damit begründet, dass die Infektionskrankheit an diesem Tag durch die Weltgesundheitsorganisation (WHO) als Pandemie eingestuft wurde. Aufgrund der sinkenden Infektionszahlen in den Sommermonaten und dem dadurch bedingten Abklingen der intensiven Berichterstattung wurde beschlossen, den letzten Tag des Monats Juli als Ende des Zeitraums der Untersuchung festzulegen. Außerdem kommen forschungspragmatische Gründe hinzu, die den Einbezug eines größeren Untersuchungszeitraums verhindern. Sämtliche Artikel wurden abgespeichert und liegen in Form von PDF-Dokumenten archiviert vor.

## 1.5 Definition der Analyseeinheit

Die Analyseeinheit ist der einzelne Beitrag. Ein Beitrag ist definiert als ein in sich geschlossener, durch einen Umbruch abgesetzter journalistischer Beitrag mit einer Überschrift und ggf. einer Dach- oder Unterzeile. Es wird auf Artikelebene codiert, um ein möglichst umfassendes Gesamtbild der Berichterstattung zu bekommen.

# 2 Regeln und Hinweise zur Durchführung der Codierung

Der Codierer hat vor dem Codieren das Codebuch vollständig durchzulesen. Es müssen alle Details bekannt und der Codierer mit allen Anweisungen vertraut sein. Bei jeder Variablen wird vom Speziellen zum Allgemeinen codiert. Es soll, wenn möglich, immer zuerst der speziellste Code vergeben werden. Das Codebuch sollte auch während des Codierens herangezogen und gepflegt werden, damit keine Unklarheiten aufkommen. Folgende Schritte müssen beim Codieren nacheinander beachtet werden:

- Der Codebogen (Codesheet in Excel) wird geöffnet.
- Der zu codierende Artikel wird als PDF-Datei geöffnet.
- Die Codierungen werden stets in das Codesheet eingetragen.
- Die Variablen werden nur codiert, wenn es sich um prägnante und relevante Aussagen handelt. Diese dienen zur Veranschaulichung der Befunde.
- Während der Codierung zeigt das Codebuch einige Male Variablen auf, die die nachfolgenden Schritte filtern sollen. Es gilt diese genau zu betrachten, da ggf. der Vorgang beendet werden muss.

# 3 Darstellung des Ablaufschemas der Codierung

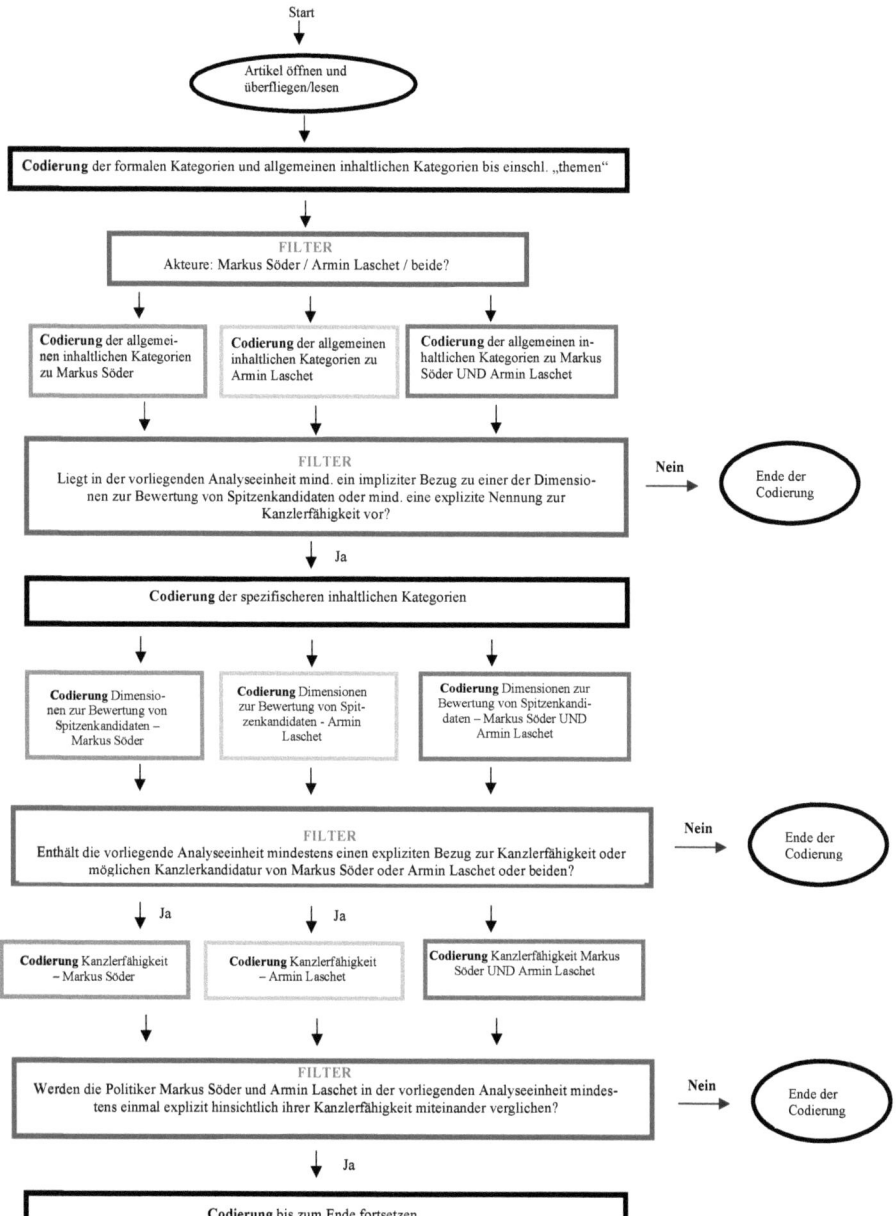

# 4 Kategoriensystem

Im folgenden Kapitel wird das Kategoriensystem genau beschrieben. Es muss an dieser Stelle angemerkt werden, dass bei nicht vorhandenen Merkmalen die Zelle im Codesheet grundsätzlich nicht ausgefüllt wird, sondern leer bleibt.

## 4.1 Formale Kategorien

**Codierer-ID (codiererID)**

*Den Codierern wird vor der Erhebung ein Code zugewiesen. Dieser wird entsprechend vergeben.*

1 Heugenhauser
2 Oppermann
3 Bergemann

**Beitrags-ID (beitragsID)**

*Alle Beiträge werden vor der Codierung nummeriert und die entsprechende Zahl vom Codierer eingetragen.*

**Medium (medium)**

*Es wird codiert, in welchem Medium der Beitrag erschienen ist.*

1 Die Welt
2 Frankfurter Allgemeine Zeitung (FAZ)
3 Der Spiegel

**Datum (datum)**

*Es wird codiert, in welcher Kalenderwoche der jeweilige Beitrag erschienen ist. Beispiel: ein Artikel wurde am 12.05.2020 veröffentlicht, demnach wird „20" codiert.*

| | | | | | |
|---|---|---|---|---|---|
| **11** | (11.03.-15.03.) | **18** | (27.04.-03.05.) | **25** | (15.06.-21.06.) |
| **12** | (16.03.-22.03.) | **19** | (04.05.-10.05.) | **26** | (22.06.-28.06.) |
| **13** | (23.03.-29.03.) | **20** | (11.05.-17.05.) | **27** | (29.06.-05.07.) |
| **14** | (30.03.-05.04.) | **21** | (18.05.-24.05.) | **28** | (06.07.-12.07.) |
| **15** | (06.04.-12.04.) | **22** | (25.05.-31.05.) | **29** | (13.07.-19.07.) |
| **16** | (13.04.-19.04.) | **23** | (01.06.-07.06.) | **30** | (20.07.-26.07.) |
| **17** | (20.04.-26.04.) | **24** | (08.06.-14.06.) | **31** | (27.07.-31.07) |

**Überschrift des Beitrags (überschrift)**

*Die Überschrift oder Headline des Beitrags wird wörtlich zitiert. Diese Variable erleichtert die Zuordnung der elektronischen Daten zu den Analyseeinheiten. Die Sub-Headline, beziehungsweise die Unterzeile, wird nicht zur Überschrift gezählt, sondern zum Text.*

*Beispiel:*

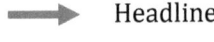 → Headline

→ Sub-Headline

→ *Hier wird codiert:* Gefährliches Spiel

---

**Umfang des Beitrags (umfang)**

*Hier wird der Umfang des Beitrags codiert.*

1. **kleiner Umfang**

    *Welt/Spiegel: Der Umfang des Beitrags ist **bis zu ½ Seite** groß*

    *FAZ: Der Umfang des Beitrags ist bis zu **zwei Spalten mit jeweils nicht mehr als ca. 50 Zeilen** groß*

2. **mittlerer Umfang**

    *Welt/Spiegel: Der Umfang des Beitrags ist **zwischen ½ und 1½ Seiten** groß*

    *FAZ: Der Umfang des Beitrags ist zwischen **zwei und vier Spalten mit nicht mehr als ca. 50 Zeilen** groß*

3. **großer Umfang**

    *Welt/Spiegel: Der Umfang des Beitrags ist **größer als 1½ Seiten***

    *FAZ: Der Umfang des Beitrags ist größer als **vier Spalten mit mehr als ca. 50 Zeilen***

## Darstellungsform (darstellungsform)

*Hier wird die Darstellungsform des Beitrags codiert.*

**1 Nachricht, Bericht, Dokumentation**

*Eine Nachricht ist meiste kurz und sachlich gehalten.*

**2 Kommentar, Kolumne, Glosse, Leitartikel/Editorial**

*Dieser Code wird vergeben, wenn es sich um einen nicht neutralen Beitrag handelt, z.B. Zippert zappt (Die Welt)*

**3 Reportage, Feature, Porträt, Essay**

*Eine Reportage zeichnet sich vor allem durch ihre Länge aus und ist vor allem Im Spiegel zu finden*

**99 nicht zuzuordnen**

## Urheber des Beitrags (urheber_beitrag)

*Diese Kategorie bezieht sich auf den Urheber des gesamten Beitrags.*

**1 Nachrichtenagentur (z.B. dpa, reuters, ap, afp)**

**2 Journalist (Redaktion), Herausgeber**

*Hier werden auch Autorenkürzel mit einbezogen, die eindeutig auf einen Journalisten, Redakteur oder Herausgeber zurückzuführen sind.*

**3 Gast**

*Es muss deutlich sichtbar sein, dass es sich um einen Gastkommentar handelt. Meistens befindet sich der Hinweis in der Überschrift.*

**99 nicht zuzuordnen**

*z.B. bei Internetquellen, wo weder der Name/Kürzel eines Journalisten noch ein sonstiger Hinweis auf den Urheber vermerkt ist*

## 4.2 Allgemeine inhaltliche Kategorien

**Fokus auf die COVID-19-Pandemie (fokus_covid)**

*In die Analyse aufgenommen wurden ausschließlich Artikel, die das Stichwort „Corona" enthalten. Es kann also davon ausgegangen werden, dass sich die Artikel zumindest geringfügig damit beschäftigen. Diese Kategorie misst den Fokus des Beitrags auf die COVID-19-Pandemie. Es werden alle Begriffe, die die COVID-19-Pandemie meinen, miteingeschlossen. Dazu zählt zum Beispiel „Corona", „Sars-CoV2", die „neuartige Lungenkrankheit", „das Virus aus China" etc.*

**1 Geringer Fokus**

*Die COVID-19-Pandemie kommt nur am Rande vor (<25% des Beitrags), andere Themen sind wichtiger.*

**2 Mittlerer Fokus**

*Die COVID-19-Pandemie wird zu gleichen Teilen mit anderen Themen behandelt (25-50% des Beitrags).*

**3 Starker Fokus**

*Die COVID-19-Pandemie steht im Zentrum des Beitrags. Andere Themen kommen, wenn überhaupt, nur am Rande vor (>25% des Beitrags).*

---

**Art des Bezugs zur COVID-19-Pandemie (bezug_covid)**

*Es wird gemessen, ob sich der Beitrag direkt oder indirekt mit CODIV-19 befasst.*

**1 direkter Bezug**

*Dieser Code wird vergeben, wenn sich der Beitrag unmittelbar und direkt auf mit COVID-19 befasst. Beispiele wären Berichte über Neuinfektionen oder Todesfälle.*

**2 indirekter Bezug**

*Die COVID-19-Pandemie wird nur indirekt thematisiert, es werden vor allem Folgen für Gesellschaft, Wirtschaft o.ä. in den Vordergrund gerückt.*

**99 nicht festzustellen / nicht zuzuordnen**

**Andere Themen (themen)**

*Hier werden alle relevanten anderen Themen eingetragen, die in der vorliegenden Analyseeinheit thematisiert werden. Beispiel: Fußball, Urlaub, CDU-Parteitag*

**FILTER**

**Akteure (akteure)**

*Es wird codiert, ob Markus Söder, Armin Laschet oder beide im Beitrag genannt werden. Zur Erinnerung: Es wurden lediglich Artikel in die Studie aufgenommen, in denen mindestens einer der beiden mindestens einmal namentlich vorkommt.*

**1 nur Markus Söder**

*Es folgt die Codierung der <u>Allgemeinen inhaltlichen Kategorien zu **Markus Söder**</u>. NICHT ZU CODIEREN sind die Allgemeinen inhaltlichen Kategorien zu Armin Laschet.*

**2 nur Armin Laschet**

*Es folgt die Codierung der <u>Allgemeinen inhaltlichen Kategorien zu **Armin Laschet**</u>. NICHT ZU CODIEREN sind die Allgemeinen inhaltlichen Kategorien zu Markus Söder.*

**3 beide**

*Es folgt die Codierung der <u>Allgemeinen inhaltlichen Kategorien zu **Markus Söder**</u> UND der <u>Allgemeinen inhaltlichen Kategorien zu **Armin Laschet**</u>.*

---

## <u>Allgemeine inhaltliche Kategorien zu **Markus Söder**</u>

**Anzahl der Nennungen von Markus Söder (anzahl_nennungen_ms)**

(i.A. a. Leidecker & Wilke, 2016)

*Es wird gezählt, wie häufig der Name Markus Söder in einem Beitrag genannt wird. Wenn nur der Vorname oder der Nachname genannt wird, wird dies auch gezählt. Ebenfalls gezählt wird, wenn vom „bayerischen Ministerpräsidenten" oder vom „Ministerpräsident von Bayern" oder ähnlichem gesprochen wird. Pronomen wir „er" werden nicht gezählt. Nur einmal gezählt werden unmittelbar hintereinander auftretende Nennungen wie zum Beispiel „Bayerns Regierungschef Markus Söder".*

**Intensität des Bezugs zu Markus Söder (intensität_bezug_ms)** (i.A. a. Leidecker & Wilke, 2016)

**1 schwacher Bezug**

*Söder kommt nur am Rande vor (< 25 Prozent des Beitrags)*

**2 mittlerer Bezug**
*Söder kommt neben anderen Themen vor (25 – 50 Prozent des Beitrags.)*
**3 starker Bezug**
*Söder steht im Mittelpunkt des Beitrags (> 50 Prozent des Beitrags)*

---

**Zitierung von Markus Söder (anzahl_zitierung_ms)** (i.A. a. Leidecker & Wilke, 2016)

*Es wird gezählt, wie häufig direkte Zitate von Markus Söder in einem Beitrag auftreten. Es werden nur solche Textstellen codiert, die zweifelsfrei durch Anführungszeichen als Zitat gekennzeichnet sind. Es zählen sowohl einzelne als Zitat gekennzeichnete Wörter als auch ganze Sätze.*

---

**Vorwiegender Tenor der Darstellung von Markus Söder (tenor_darstellung_ms)**
(i.A. a. Kindelmann, 1994)
*Hier wird die überwiegende Grundtendenz des Artikels in Bezug auf Markus Söder im Hinblick auf den gesamten Beitrag betrachtet.*
**1 vorwiegend negativ, Angriff, Kritik**
*Die überwiegende Grundtendenz des Beitrags ist negativ und geprägt von Angriff und Kritik gegenüber Markus Söder*
**2 vorwiegend positiv, Bestätigung, Unterstützung**
*Die überwiegende Grundtendenz des Beitrags ist positiv und geprägt von Bestätigung und Unterstützung gegenüber Markus Söder*

**3 gemischt positiv und negativ**

*Die überwiegende Grundtendenz des Beitrags ist sowohl positiv als auch negativ*

**4 keine erkennbar negative oder positive Bewertung**

*Die überwiegende Grundtendenz des Beitrags ist nicht erkennbar positiv oder negativ ausgeprägt.*

## *Allgemeine inhaltliche Kategorien zu Armin Laschet*

**Anzahl der Nennungen von Armin Laschet (anzahl_nennungen_al)** (i.A. a. Leidecker & Wilke, 2016)

*Es wird gezählt, wie häufig der Name Armin Laschet in einem Beitrag genannt wird. Wenn nur der Vorname oder der Nachname genannt wird, wird es auch gezählt. Ebenfalls gezählt wird, wenn vom „nordrhein-westfälischen Ministerpräsidenten" oder vom „Ministerpräsident von Nordrhein-Westfalen" gesprochen wird. Pronomen wir „er" werden nicht gezählt.*

**Intensität des Bezugs zu Armin Laschet (intensität_bezug_al)** (i.A.a. Leidecker & Wilke, 2016)

**1 schwacher Bezug**

*Laschet kommt nur am Rande vor (<25 Prozent des Beitrags)*

**2 mittlerer Bezug**

*Laschet kommt neben anderen Themen vor (25 – 50 Prozent des Beitrags.)*

**3  starker Bezug**
*Laschet steht im Mittelpunkt des Beitrags (>50 Prozent des Beitrags)*

---

**Zitierung von Armin Laschet (anzahl_zitierung_al)** (i.A. a. Leidecker & Wilke, 2016)
*Es wird gezählt, wie häufig direkte Zitate von Armin Laschet in einem Beitrag auftreten. Es werden nur solche Textstellen codiert, die zweifelsfrei durch Anführungszeichen als Zitat gekennzeichnet sind. Es zählen sowohl einzelne als Zitat gekennzeichnete Wörter als auch ganze Sätze.*

---

**Vorwiegender Tenor der Darstellung von Armin Laschet (tenor_darstellung_al)** (

(i. A. a. Kindelmann, 1994)

**1  vorwiegend negativ, Angriff, Kritik**
*Die überwiegende Grundtendenz des Beitrags ist negativ und geprägt von Angriff und Kritik gegenüber Armin Laschet*

**2  vorwiegend positiv, Bestätigung, Unterstützung**
*Die überwiegende Grundtendenz des Beitrags ist positiv und geprägt von Bestätigung und Unterstützung gegenüber Armin Laschet*

**3  gemischt positiv und negativ**
*Die überwiegende Grundtendenz des Beitrags ist sowohl positiv als auch negativ*

4 keine erkennbar negative oder positive Bewertung

*Die überwiegende Grundtendenz des Beitrags ist nicht erkennbar positiv oder negativ ausgeprägt.*

| FILTER |
|---|

**Liegt in der vorliegenden Analyseeinheit mindestens ein Bezug zu einer der vier Dimensionen zur Bewertung von Spitzenkandidaten oder mindestens eine explizite Nennung zur Kanzlerfähigkeit vor? (vorhanden_bewertungsdimension)**

*Die vier Dimensionen zur Bewertung von Spitzenpolitikern lauten: Themenkompetenz, Leadership-Qualitäten, Integrität und Unpolitische Merkmale/ Persönliches (vgl. Erklärung in Kapitel 1.3)*

0 Nein, keine der vier Dimensionen wird angesprochen

→ *ENDE DER CODIERUNG*

1 Ja, mindestens eine der vier Dimensionen wird angesprochen oder eine explizite Nennung liegt vor

**WICHTIG:** *Es werden im Folgenden nur diejenigen Kategorien codiert, die sich auf den zuvor codierten AKTEUR beziehen. Beispiel: Bei der Variablen „akteur" wurde „1 = Markus Söder" codiert; d.h. im Folgenden werden NUR die Dimensionen zur Bewertung von Spitzenpolitikern in Bezug auf Markus Söder codiert. Wurde „3 = beide" codiert, werden alle folgenden Dimensionen codiert.*

## 4.3 Spezifischere inhaltliche Kategorien

## Dimensionen zur Bewertung von Spitzenpolitikern - Markus Söder

**Bewertung der Themenkompetenz von Markus Söder (themenkompetenz _ms)**

(i.A.a. Vetter & Brettschneider, 1998; Brettschneider, 2002a; Aaldering & Vliegenthart, 2016; Kindelmann, 1994)

*Es wird codiert, ob Markus Söder z.B. den Eindruck vermittelt, er habe ein gutes Konzept, um die COVID-19-Pandemie in Deutschland zu bewältigen. Für weitere Erklärungen siehe Kapitel 1.3*

  **0**  **wird nicht angesprochen**

  **1**  **vorwiegend negativ** → weiter mit Urhebern (neg.)

*Söder wird als eher inkompetent im Hinblick auf die Bewältigung der COVID-19-Pandemie dargestellt und bewertet. Weiterer Signalwörter für negative Themenkompetenz können z.B. uninformiert, gedankenlos, unwissend, unklug, rücksichtslos oder dumm sein.*

  **2**  **ausgewogen (gemischt positiv und negativ)**

  **3**  **vorwiegend positiv** → weiter mit Urhebern (pos.)

*Söder wird als eher kompetent, klug, gut ausgebildet, professionell, erfahren, einsichtsvoll, strategisch oder sachkundig im Hinblick auf die Bewältigung der COVID-19-Pandemie dargestellt.*

  **4**  **keine erkennbar negative oder positive Bewertung**

*Dieser Code wird verwendet, wenn die Themenkompetenz Markus Söders zwar vorkommt, jedoch nicht erkennbar positiv oder negativ ausgeprägt ist. Der Unterschied zur Ausprägung „ausgewogen" besteht darin, dass in letzterer eine Mischung aus positiv und negativer Bewertung vorliegt.*

## Urheber der (vorwiegend) negativen Aussage(n) im Beitrag über die Themenkompetenz von Markus Söder (neg_urheber_themenkompetenz_ms)

*Dieser Code wird nur verwendet, wenn zuvor eine vorwiegend negative Bewertung festgestellt wurde.*

**1 Urheber des Beitrags**

*Hierbei kann es sich um den mit der Variablen **„urheber"** bereits codierten Redakteur, Journalisten, Herausgeber, Gast oder die Nachrichtenagentur handeln, die den Beitrag verfasst hat.*

**2 Markus Söder**

*Es handelt sich dabei um eine Zitierung von Markus Söder über Armin Laschet.*

**3 Armin Laschet**

*Es handelt sich dabei um eine Zitierung von Armin Laschet über Markus Söder.*

**4 Andere zitierte Politiker**

*Es können sowohl indirekte als auch direkte Zitate sein, die eindeutig einem bestimmten Politiker zuzuordnen sind.*

**5 Sonstige**

*Dieser Code wird vergeben, wenn deutlich herauszulesen ist, dass eine Aussage indirekt oder direkt von einer bestimmten Person stammt. Beispiel: Das Ergebnis einer Umfrage: Stark* zugelegt hat Bayerns Ministerpräsident Markus Söder (CSU), der mit 58 Prozent (plus 16) Rang vier einnimmt.

**6 Verschiedene Urheber vorhanden**

*Dieser Code wird nur vergeben, wenn mehrere explizite Aussagen von unterschiedlichen Urhebern in einem Beitrag vorhanden sind.*

**99 nicht zuzuordnen**

---

**Urheber der (vorwiegend) positiven Aussage(n) im Beitrag über die Themenkompetenz von Markus Söder (pos_urheber_themenkompetenz_ms)**

*Dieser Code wird nur verwendet, wenn zuvor eine vorwiegend positive Bewertung festgestellt wurde. Zur genaueren Beschreibung der einzelnen Ausprägungen vgl. die Beschreibung der Kategorie „neg_urheber_themenkompetenz_ms" auf Seite CXIII.*

**1 Urheber des Beitrags**
**2 Markus Söder**
**3 Armin Laschet**
**4 Andere zitierte Politiker**
**5 Sonstige**
**6 Verschiedene Urheber vorhanden**
**99 nicht zuzuordnen**

---

CLI

## Auffällige Nennungen im Hinblick auf die Themenkompetenz von Markus Söder (nennungen_themenkompetenz_ms)

*Adjektive oder Sätze, die sich auf die Themenkompetenz von Markus Söder beziehen, werden kopiert und eingefügt.*

---

## Bewertung der Leadership-Qualitäten von Markus Söder (leadership _ms)

(i.A.a. Vetter & Brettschneider, 1998; Brettschneider, 2002a; Aaldering & Vliegenthart, 2016; Kindelmann, 1994)

*Der Politiker wird anhand seiner Leadership-Qualitäten bewertet. Hierfür kann die Bewertung der Elemente Führungsstärke, Entscheidungsfreude und Tatkraft zur Gesamtbeurteilung der Leadership-Qualitäten herangezogen werden.*

**0 wird nicht angesprochen**

**1 vorwiegend negativ** → weiter mit Urhebern (neg.)

*Politiker mit schlechten Leadership-Qualitäten können im Hinblick auf die Führungsstärke beispielsweise als unsicher, schwach, weich oder unterwürfig bezeichnet werden, treffen Entscheidungen eher langsam und zögerlich und es ist außerdem wenig Energie und wenig Einsatzbereitschaft erkennbar*

**2 ausgewogen (gemischt positiv und negativ)**

**3 vorwiegend positiv** → weiter mit Urhebern (pos.)

*Personen mit guten Leadership-Qualitäten können im Hinblick auf die Führungsstärke als entschlossen, dominant, mutig, hartnäckig, ausdauernd und zuversichtlich bezeichnet werden, treffen Entscheidungen leicht und überzeugend und* es ist außerdem viel Energie und Einsatzbereitschaft erkennbar

**4 keine erkennbar negative oder positive Bewertung**

*Dieser Code wird verwendet, wenn die Leadership-Qualitäten Markus Söders zwar vorkommen, jedoch nicht erkennbar positiv oder negativ ausgeprägt sind. Der Unterschied zur Ausprägung „ausgewogen" besteht darin, dass in letzterer eine Mischung aus positiv und negativer Bewertung vorliegt.*

**Urheber der (vorwiegend) negativen Aussage(n) im Beitrag über die Leadership-Qualitäten von Markus Söder (neg_urheber_leadership_ms)**

*Dieser Code wird nur verwendet, wenn zuvor eine vorwiegend negative Bewertung festgestellt wurde. Zur genaueren Beschreibung der einzelnen Ausprägungen vgl. die Beschreibung der Kategorie „neg_urheber_themenkompetenz_ms" auf Seite CXIII.*

**1 Urheber des Beitrags**

**2 Markus Söder**

**3 Armin Laschet**

**4 Andere zitierte Politiker**

**5 Sonstige**

**6 Verschiedene Urheber vorhanden**

**99 nicht zuzuordnen**

**Urheber der (vorwiegend) positiven Aussage(n) im Beitrag über die Leadership-Qualitäten von Markus Söder (pos_urheber_leadership_ms)**

*Dieser Code wird nur verwendet, wenn zuvor eine vorwiegend positive Bewertung festgestellt wurde. Zur genaueren Beschreibung der einzelnen Ausprägungen vgl. die Beschreibung der Kategorie „neg_urheber_themenkompetenz_ms" auf Seite CXIII.*

1 Urheber des Beitrags
2 Markus Söder
3 Armin Laschet
4 Andere zitierte Politiker
5 Sonstige
6 Verschiedene Urheber vorhanden
99 nicht zuzuordnen

---

**Auffällige Nennungen im Hinblick auf die Leadership-Qualitäten von Markus Söder (nennungen_leadership_ms)**

*Adjektive oder Sätze, die sich auf die Leadership-Qualitäten beziehen, werden kopiert und eingefügt.*

---

**Bewertung der Integrität von Markus Söder (integrität _ms)**

(i.A.a. Vetter & Brettschneider, 1998; Brettschneider, 2002a; Aaldering & Vliegenthart, 2016; Kindelmann, 1994)

*Mit der Integrität eines Politikers ist der Eindruck gemeint, er sei als Mensch ehrlich und als Politiker vertrauenswürdig. Die Bewertung der Integrität Markus Söders kann anhand der Elemente Ehrlichkeit,*

*Vertrauenswürdigkeit sowie politisches Verantwortungsbewusstsein gemessen werden.*

**0 wird nicht angesprochen**

*Dieser Code wird verwendet, wenn in einem Beitrag eine Bewertungsdimension oder ein expliziter Bezug zur Kanzlerfähigkeit vorkommt, die Integrität jedoch nicht angesprochen wird.*

**1 vorwiegend negativ** → weiter mit Urhebern (neg.)

*Markus Söder wird als eher unehrlich und nicht vertrauenswürdig sowie im Hinblick auf sein politisches Verantwortungsbewusstsein eher negativ bewertet. Signalwörter können sein: betrügerisch, verlogen, unaufrichtig, verdorben oder korrupt.*

**2 ausgewogen (gemischt positiv und negativ)**

**3 vorwiegend positiv** → weiter mit Urhebern (pos.)

*Markus Söder wird als eher ehrlich und vertrauenswürdig, sowie im Hinblick auf sein politisches Verantwortungsbewusstsein eher positiv bewertet. Signalwörter können sein: ehrenhaft, respektabel, ehrlich, anständig und nicht korrupt.*

**4 keine erkennbar negative oder positive Bewertung**

*Dieser Code wird verwendet, wenn die Integrität Markus Söders zwar vorkommt, jedoch nicht erkennbar positiv oder negativ ausgeprägt ist. Der Unterschied zur Ausprägung „ausgewogen" besteht darin, dass in letzterer eine Mischung aus positiv und negativer Bewertung vorliegt.*

**Urheber der (vorwiegend) negativen Aussage(n) im Beitrag über die Integrität von Markus Söder (neg_urheber_integrität_ms)**

*Dieser Code wird nur verwendet, wenn zuvor eine vorwiegend negative Bewertung festgestellt wurde. Zur genaueren Beschreibung der einzelnen Ausprägungen vgl. die Beschreibung der Kategorie „neg_urheber_themenkompetenz_ms" auf Seite CXIII.*

1 Urheber des Beitrags
2 Markus Söder
3 Armin Laschet
4 Andere zitierte Politiker
5 Sonstige
6 Verschiedene Urheber vorhanden
99 nicht zuzuordnen

**Urheber der vorwiegend positiven Aussage(n) im Beitrag über die Integrität von Markus Söder (pos_urheber_integrität_ms)**

*Dieser Code wird nur verwendet, wenn zuvor eine vorwiegend positive Bewertung festgestellt wurde. Zur genaueren Beschreibung der einzelnen Ausprägungen vgl. die Beschreibung der Kategorie „neg_urheber_themenkompetenz_ms" auf Seite CXIII.*

1 Urheber des Beitrags
2 Markus Söder
3 Armin Laschet
4 Andere zitierte Politiker

5 Sonstige
6 Verschiedene Urheber vorhanden
99 nicht zuzuordnen

**Auffällige Nennungen im Hinblick auf die Integrität von Markus Söder (nennungen_integrität_ms)**
*Adjektive oder Sätze, die sich auf die Integrität beziehen, werden kopiert und eingefügt.*

**Bewertung der unpolitischen Merkmale von Markus Söder (persönliches _ms)**
(i.A.a. Vetter & Brettschneider, 1998; Brettschneider, 2002a; Aaldering & Vliegenthart, 2016; Kindelmann, 1994)
*Unpolitische Merkmale sind Merkmale, die sich nicht mit der Rolle als Politiker befassen. Hierzu zählen zum Beispiel der Geschmack, die menschliche Sympathie und die Ausstrahlung.*

    **0  wird nicht angesprochen**

    **1  vorwiegend negativ**

*Der persönliche Geschmack Söders wird als eher schlecht bewertet und dargestellt, er wird als eher unsympathisch bewertet, die Ausstrahlung wird als eher unfreundlich bewertet. → weiter mit Urhebern (neg.)*

    **2  ausgewogen (gemischt positiv und negativ)**

    **3  vorwiegend positiv** → weiter mit Urhebern (pos.)

*Der persönliche Geschmack Söders wird als eher gut dargestellt und bewertet, er wird als eher sympathisch bewertet, seine Ausstrahlung wird als eher freundlich bewertet*

4 keine erkennbar negative oder positive Bewertung

---

**Herkunft (persönliches_herkunft_ms)**
0 wird nicht erwähnt
1 wird erwähnt

---

**Alter (persönliches_alter_ms)**
0 wird nicht erwähnt
1 wird erwähnt

---

**Religionszugehörigkeit (persönliches_religion_ms)**
0 wird nicht erwähnt
1 wird erwähnt

---

**Aussehen (persönliches_aussehen_ms)**
0 wird nicht erwähnt
1 wird erwähnt

---

**Urheber der (vorwiegend) negativen Aussage(n) im Beitrag über die unpolitischen Merkmale von Markus Söder (neg_urheber_persönliches_ms)**

*Dieser Code wird nur verwendet, wenn zuvor eine vorwiegend negative Bewertung festgestellt wurde. Zur genaueren Beschreibung der einzelnen Ausprägungen vgl. die Beschreibung der Kategorie „neg_urheber_themenkompetenz_ms" auf Seite CXIII.*

1 Urheber des Beitrags
2 Markus Söder
3 Armin Laschet
4 Andere zitierte Politiker
5 Sonstige
6 Verschiedene Urheber vorhanden
99 nicht zuzuordnen

Urheber der (vorwiegend) positiven Aussage(n) im Beitrag über die unpolitischen Merkmale von Markus Söder (pos_urheber_persönliches_ms)

*Dieser Code wird nur verwendet, wenn zuvor eine vorwiegend positive Bewertung festgestellt wurde. Zur genaueren Beschreibung der einzelnen Ausprägungen vgl. die Beschreibung der Kategorie „neg_urheber_themenkompetenz_ms" auf Seite CXIII.*

1 Urheber des Beitrags
2 Markus Söder
3 Armin Laschet
4 Andere zitierte Politiker
5 Sonstige
6 Verschiedene Urheber vorhanden
99 nicht zuzuordnen

**Auffällige Bemerkungen im Hinblick auf die unpolitischen Merkmale von Markus Söder (nennungen_persönliches_ms)**

*Adjektive oder Sätze, die sich auf die unpolitischen Merkmale /Persönliches beziehen, werden kopiert und eingefügt.*

---

<u>Dimensionen zur Bewertung von Spitzenpolitikern</u> - **Armin Laschet**

**Bewertung der Themenkompetenz von Armin Laschet (themenkompetenz_al)**

(i. A. a. Vetter & Brettschneider, 1998; Brettschneider, 2002a; Aaldering & Vliegenthart, 2016; Kindelmann, 1994)

*Es wird codiert, ob Armin Laschet z.B. den Eindruck vermittelt, er habe ein gutes Konzept, um die COVID-19-Pandemie in Deutschland zu bewältigen.*

   **0  wird nicht angesprochen**

   **1  vorwiegend negativ** → weiter mit Urhebern (neg.)

*Laschet wird als eher inkompetent im Hinblick auf die Bewältigung der COVID-19-Pandemie dargestellt und bewertet. Weiterer Signalwörter für negative Themenkompetenz können z.B. uninformiert, gedankenlos, unwissend, unklug, rücksichtslos oder dumm sein*

   **2  ausgewogen (gemischt positiv und negativ)**

   **3  vorwiegend positiv** → weiter mit Urhebern (pos.)

*Laschet wird als eher kompetent, klug, gut ausgebildet, professionell, erfahren, einsichtsvoll, strategisch oder* sachkundig im Hinblick auf die Bewältigung der COVID-19-Pandemie dargestellt.

4 keine erkennbar negative oder positive Bewertung

---

Urheber der (vorwiegend) negativen Aussage(n) im Beitrag über die Themenkompetenz von Armin Laschet (neg_urheber_themenkompetenz_al)

*Dieser Code wird nur verwendet, wenn zuvor eine vorwiegend negative Bewertung festgestellt wurde. Zur genaueren Beschreibung der einzelnen Ausprägungen vgl. die Beschreibung der Kategorie „neg_urheber_themenkompetenz_ms" auf Seite CXIII.*

1 Urheber des Beitrags
2 Markus Söder
3 Armin Laschet
4 Andere zitierte Politiker
5 Sonstige
6 Verschiedene Urheber vorhanden
99 nicht zuzuordnen

---

Urheber der (vorwiegend) positiven Aussage(n) im Beitrag über die Themenkompetenz von Armin Laschet (pos_urheber_themenkompetenz_al)

*Dieser Code wird nur verwendet, wenn zuvor eine vorwiegend positive Bewertung festgestellt wurde. Zur genaueren Beschreibung der einzelnen Ausprägungen vgl. die Beschreibung der Kategorie „neg_urheber_themenkompetenz_ms" auf Seite CXIII.*

1   Urheber des Beitrags
2   Markus Söder
3   Armin Laschet
4   Andere zitierte Politiker
5   Sonstige
5   Verschiedene Urheber vorhanden
99  nicht zuzuordnen

---

**Auffällige Nennungen im Hinblick auf die Themenkompetenz von Armin Laschet (nennungen_themenkompetenz_al)**

*Adjektive oder Sätze, die sich auf die Themenkompetenz beziehen, werden kopiert und eingefügt.*

---

**Bewertung der Leadership-Qualitäten von Armin Laschet (leadership_al)**

(i. A. a. Vetter & Brettschneider, 1998; Brettschneider, 2002a; Aaldering & Vliegenthart, 2016; Kindelmann, 1994)

*Der Politiker wird anhand seiner Leadership-Qualitäten bewertet. Hierfür kann die Bewertung der Elemente Führungsstärke, Entscheidungsfreude und Tatkraft zur Gesamtbeurteilung der Leadership-Qualitäten herangezogen werden.*

0   wird nicht angesprochen
1   **vorwiegend negativ** → weiter mit Urhebern (neg.)

*Politiker mit schlechten Leadership-Qualitäten können im Hinblick auf die Führungsstärke beispielsweise als unsicher, schwach, weich oder unterwürfig bezeichnet werden, treffen*

*Entscheidungen eher langsam und zögerlich und es ist außerdem wenig Energie und wenig Einsatzbereitschaft erkennbar*

**2 ausgewogen (gemischt positiv und negativ)**

**3 vorwiegend positiv** → weiter mit Urhebern (pos.)

*Personen mit guten Leadership-Qualitäten können im Hinblick auf die Führungsstärke als entschlossen, dominant, mutig, hartnäckig, ausdauernd und zuversichtlich bezeichnet werden, treffen Entscheidungen leicht und überzeugend und es ist außerdem viel Energie und Einsatzbereitschaft erkennbar*

**4 keine erkennbar negative oder positive Bewertung**

**Urheber der (vorwiegend) negativen Aussage(n) im Beitrag über die Leadership-Qualitäten von Armin Laschet (neg_urheber_leadership_al)**

*Dieser Code wird nur verwendet, wenn zuvor eine vorwiegend negative Bewertung festgestellt wurde. Zur genaueren Beschreibung der einzelnen Ausprägungen vgl. die Beschreibung der Kategorie „neg_urheber_themenkompetenz_ms" auf Seite CXIII.*

**1 Urheber des Beitrags**

**2 Markus Söder**

**3 Armin Laschet**

**4 Andere zitierte Politiker**

**5 Sonstige**

**6 Verschiedene Urheber vorhanden**

99 nicht zuzuordnen

---

**Urheber der (vorwiegend) positiven Aussage(n) im Beitrag über die Leadership-Qualitäten von Armin Laschet (pos_urheber_leadership_al)**

*Dieser Code wird nur verwendet, wenn zuvor eine vorwiegend positive Bewertung festgestellt wurde. Zur genaueren Beschreibung der einzelnen Ausprägungen vgl. die Beschreibung der Kategorie „neg_urheber_themenkompetenz_ms" auf Seite CXIII.*

1 Urheber des Beitrags
2 Markus Söder
3 Armin Laschet
4 Andere zitierte Politiker
5 Sonstige
6 Verschiedene Urheber vorhanden
99 nicht zuzuordnen

---

**Auffällige Nennungen im Hinblick auf die Leadership-Qualitäten von Armin Laschet (nennungen_leadership_al)**

*Adjektive oder Sätze, die sich auf die Leadership-Qualitäten beziehen, werden kopiert und eingefügt.*

---

**Bewertung der Integrität von Armin Laschet (integrität_al)**

(i.A.a. Vetter & Brettschneider, 1998; Brettschneider, 2002a; Aaldering & Vliegenthart, 2016; Kindelmann, 1994)

*Mit der Integrität eines Politikers ist der Eindruck gemeint, er sei als Mensch ehrlich und als Politiker vertrauenswürdig. Die Bewertung der*

*Integrität Armin Laschets kann anhand der Elemente Ehrlichkeit, Vertrauenswürdigkeit sowie politisches Verantwortungsbewusstsein gemessen werden.*

**0 wird nicht angesprochen**

**1 vorwiegend negativ** → weiter mit Urhebern (neg.)

*Armin Laschet wird als eher unehrlich und nicht vertrauenswürdig sowie im Hinblick auf sein politisches Verantwortungsbewusstsein eher negativ bewertet. Signalwörter können sein: betrügerisch, verlogen, unaufrichtig, verdorben oder korrupt.*

**2 ausgewogen (gemischt positiv und negativ)**

**3 vorwiegend positiv** → weiter mit Urhebern (pos.)

*Armin Laschet wird als eher ehrlich und vertrauenswürdig, sowie im Hinblick auf sein politisches Verantwortungsbewusstsein eher positiv bewertet. Signalwörter können sein: ehrenhaft, respektabel, ehrlich, anständig und nicht korrupt.*

**4 keine erkennbar negative oder positive Bewertung**

---

**Urheber der (vorwiegend) negativen Aussage(n) im Beitrag über die Integrität von Armin Laschet (neg_urheber_integrität_al)**

*Dieser Code wird nur verwendet, wenn zuvor eine vorwiegend negative Bewertung festgestellt wurde. Zur genaueren Beschreibung der einzelnen Ausprägungen vgl. die Beschreibung der Kategorie „neg_urheber_themenkompetenz_ms" auf Seite CXIII.*

**1 Urheber des Beitrags**

CLXV

2 Markus Söder

3 Armin Laschet

4 Andere zitierte Politiker

5 Sonstige

6 Verschiedene Urheber vorhanden

99 nicht zuzuordnen

---

**Urheber der vorwiegend positiven Aussage(n) im Beitrag über die Integrität von Armin Laschet (pos_urheber_integrität_al)**

*Dieser Code wird nur verwendet, wenn zuvor eine vorwiegend positive Bewertung festgestellt wurde. Zur genaueren Beschreibung der einzelnen Ausprägungen vgl. die Beschreibung der Kategorie „neg_urheber_themenkompetenz_ms" auf Seite CXIII.*

1 Urheber des Beitrags

2 Markus Söder

3 Armin Laschet

4 Andere zitierte Politiker

5 Sonstige

6 Verschiedene Urheber vorhanden

99 nicht zuzuordnen

---

**Auffällige Nennungen im Hinblick auf die Integrität von Armin Laschet (nennungen_integrität_al)**

*Adjektive oder Sätze, die sich auf die Integrität beziehen, werden kopiert und eingefügt.*

## Bewertung der unpolitischen Merkmale von Armin Laschet (persönliches _al)

(i.A.a. Vetter & Brettschneider, 1998; Brettschneider, 2002a; Aaldering & Vliegenthart, 2016; Kindelmann, 1994)

*Unpolitische Merkmale sind Merkmale, die sich nicht mit der Rolle als Politiker befassen.*

0 wird nicht angesprochen

1 vorwiegend negativ

*Der persönliche Geschmack Armin Laschets wird als eher schlecht bewertet und dargestellt, er wird als eher unsympathisch bewertet, die Ausstrahlung wird als eher unfreundlich bewertet.*

2 ausgewogen (gemischt positiv und negativ)

3 vorwiegend positiv

*Der persönliche Geschmack Armin Laschets wird als eher gut dargestellt und bewertet, er wird als eher sympathisch bewertet, seine Ausstrahlung wird als eher freundlich bewertet*

4 keine erkennbar negative oder positive Bewertung

## Herkunft (persönliches_herkunft_al)

0 wird nicht erwähnt
1 wird erwähnt

**Alter (persönliches_alter_al)**

0 wird nicht erwähnt

1 wird erwähnt

---

**Religionszugehörigkeit (persönliches_religion_al)**

0 wird nicht erwähnt

1 wird erwähnt

---

**Aussehen (persönliches_aussehen_al)**

0 wird nicht erwähnt

1 wird erwähnt

---

**Urheber der (vorwiegend) negativen Aussage(n) im Beitrag über die unpolitischen Merkmale von Armin Laschet (neg_urheber_persönliches_al)**

*Dieser Code wird nur verwendet, wenn zuvor eine vorwiegend negative Bewertung festgestellt wurde. Zur genaueren Beschreibung der einzelnen Ausprägungen vgl. die Beschreibung der Kategorie „neg_urheber_themenkompetenz_ms" auf Seite CXIII.*

1 Urheber des Beitrags

2 Markus Söder

3 Armin Laschet

4 Andere zitierte Politiker

5 Sonstige

6 Verschiedene Urheber vorhanden

99 nicht zuzuordnen

Urheber der (vorwiegend) positiven Aussage(n) im Beitrag über die unpolitischen Merkmale von Armin Laschet (pos_urheber_persönliches_al)

*Dieser Code wird nur verwendet, wenn zuvor eine vorwiegend positive Bewertung festgestellt wurde. Zur genaueren Beschreibung der einzelnen Ausprägungen vgl. die Beschreibung der Kategorie „neg_urheber_themenkompetenz_ms" auf Seite CXIII.*

1 Urheber des Beitrags
2 Markus Söder
3 Armin Laschet
4 Andere zitierte Politiker
5 Sonstige
6 Verschiedene Urheber vorhanden
99 nicht zuzuordnen

Auffällige Bemerkungen im Hinblick auf die unpolitischen Merkmale von Armin Laschet (nennungen_persönliches_al)

*Adjektive oder Sätze, die sich auf die unpolitischen Merkmale /Persönliches beziehen, werden kopiert und eingefügt.*

Filter

Enthält die vorliegende Analyseeinheit mindestens eine explizite Erwähnung zur Kanzlerfähigkeit, einer möglichen

## Kanzlerkandidatur von Markus Söder ODER Armin Laschet ODER beiden? (bezug_kanzler)

*Eine explizite Erwähnung kann zum Beispiel durch Signalwörter wie „Kanzlerkandidatur", „K-Frage" festgestellt werden. Außerdem werden Bemerkungen im Hinblick auf den CDU-Parteivorsitz ebenfalls betrachtet, da dieser vermutlich mit einer Kanzlerkandidatur verbunden wäre.*

0   Keine explizite Erwähnung vorhanden
    → *ENDE DER CODIERUNG*
1   Mindestens eine explizite Erwähnung zu Markus Söder vorhanden
    → *WEITER mit Kanzlerfähigkeit von **Markus Söder***
2   Mindestens eine explizite Erwähnung zu Armin Laschet vorhanden
    → *WEITER mit Kanzlerfähigkeit von **Armin Laschet***
3   Mindestens eine explizite Erwähnung zu beiden vorhanden
    → *WEITER mit Kanzlerfähigkeit von **Markus Söder** UND Kanzlerfähigkeit von **Armin Laschet***

---

*Kanzlerfähigkeit von **Markus Söder***

## Anzahl der expliziten Erwähnungen im Hinblick auf die Kanzlerfähigkeit von Markus Söder (anzahl_kanzler_ms)

*Hier wird die Anzahl der Erwähnungen codiert. Mit einer Erwähnung ist eine in sich geschlossene Aussage gemeint, in der klar deutlich ist, um wen es geht, zum Beispiel: Kann Söder Kanzler? Falls in einem Satz mehrere Erwähnungen in Bezug auf die Kanzlerfähigkeit von jeweils einem der beiden Politiker fallen, wird dies als eine Erwähnung gezählt.*

**Bewertung der Kanzlerfähigkeit von Markus Söder (bewertung_kanzler_ms)**

**0 wird nicht angesprochen**

**1 vorwiegend negativ** → weiter mit Urhebern (neg.)

*Die Kanzlerfähigkeit wird explizit negativ bewertet, zum Beispiel durch die Nennung von Eigenschaften wie „nicht kanzlerfähig"*

**2 ausgewogen (gemischt positiv und negativ)**

*Die Bewertung ist nicht gemischt negativ oder positiv*

**3 vorwiegend positiv** → weiter mit Urhebern (pos.)

*Die Kanzlerfähigkeit wird explizit positiv bewertet, zum Beispiel durch die Nennung von Eigenschaften wie „kanzlerfähig"*

**4 keine erkennbar negative oder positive Bewertung**

*Die Bewertung ist nicht erkennbar negativ oder positiv*

**Urheber der (vorwiegend) negativen Bewertung(en) der Kanzlerfähigkeit von Markus Söder (neg_urheber_kanzler_ms)**

*Dieser Code wird nur verwendet, wenn zuvor eine vorwiegend negative Bewertung festgestellt wurde. Zur genaueren Beschreibung der einzelnen Ausprägungen vgl. die Beschreibung der Kategorie „neg_urheber_themenkompetenz_ms" auf Seite CXIII.*

CLXXI

1 Urheber des Beitrags
2 Markus Söder
3 Armin Laschet
4 Andere zitierte Politiker
5 Sonstige
6 Verschiedene Urheber vorhanden
99 nicht zuzuordnen

Urheber der (vorwiegend) positiven Bewertung(en) der Kanzlerfähigkeit von Markus Söder (pos_urheber_kanzler_ms)

*Dieser Code wird nur verwendet, wenn zuvor eine vorwiegend positive Bewertung festgestellt wurde. Zur genaueren Beschreibung der einzelnen Ausprägungen vgl. die Beschreibung der Kategorie „neg_urheber_themenkompetenz_ms" auf Seite CXIII.*

1 Urheber des Beitrags
2 Markus Söder
3 Armin Laschet
4 Andere zitierte Politiker
5 Sonstige
6 Verschiedene Urheber vorhanden
99 nicht zuzuordnen

**Bedeutendste Aussagen oder Begriffe zur Kanzlerfähigkeit von Markus Söder (nennungen_kanzler_ms)**
*Der jeweilige Satz oder die jeweiligen Sätze werden kopiert und eingefügt.*

## *Kanzlerfähigkeit von Armin Laschet*

**Anzahl der expliziten Erwähnungen im Hinblick auf die Kanzlerfähigkeit von Armin Laschet (anzahl_kanzler_al)**
*Hier wird die Anzahl der Erwähnungen codiert. Mit einer Erwähnung ist eine in sich geschlossene Aussage gemeint, in der deutlich ist, um wen es geht, zum Beispiel: Kann Laschet Kanzler? Falls in einem Satz mehrere Erwähnungen in Bezug auf die Kanzlerfähigkeit von jeweils einem der beiden Politiker fallen, wird dies als eine Erwähnung gezählt.*

**Bewertung der Kanzlerfähigkeit von Armin Laschet (bewertung_kanzler_al)**
    0   wird nicht angesprochen
    1   **vorwiegend negativ** ➔ weiter mit Urhebern (neg.)
        *Die Kanzlerfähigkeit wird explizit negativ bewertet, zum Beispiel durch die Nennung von Eigenschaften wie „nicht kanzlerfähig"*
    2   **ausgewogen (gemischt positiv und negativ)**
        *Die Bewertung ist nicht gemischt negativ oder positiv*

**3 vorwiegend positiv** ➔ weiter mit Urhebern (pos.)

*Die Kanzlerfähigkeit wird explizit positiv bewertet, zum Beispiel durch die Nennung von Eigenschaften wie „kanzlerfähig"*

**4 keine erkennbar negative oder positive Bewertung**

*Die Bewertung ist nicht erkennbar negativ oder positiv*

---

**Urheber der (vorwiegend) negativen Bewertung(en) der Kanzlerfähigkeit von Armin Laschet (neg_urheber_kanzler_al)**

*Dieser Code wird nur verwendet, wenn zuvor eine vorwiegend negative Bewertung festgestellt wurde. Zur genaueren Beschreibung der einzelnen Ausprägungen vgl. die Beschreibung der Kategorie „neg_urheber_themenkompetenz_ms" auf Seite CXIII.*

**1** Urheber des Beitrags

**2** Markus Söder

**3** Armin Laschet

**4** Andere zitierte Politiker

**5** Sonstige

**6** Verschiedene Urheber vorhanden

**99** nicht zuzuordnen

**Urheber der (vorwiegend) positiven Bewertung(en) der Kanzlerfähigkeit von Armin Laschet (pos_urheber_kanzler_al)**

*Hier wird codiert, um welchen Urheber es sich bei der/den zuvor festgestellte(n) expliziten Aussagen über die Kanzlerfähigkeit von Armin Laschet handelt. Dieser Code wird nur verwendet, wenn zuvor eine vorwiegend positive Bewertung festgestellt wurde. Zur genaueren Beschreibung der einzelnen Ausprägungen vgl. die Beschreibung der Kategorie „neg_urheber_themenkompetenz_ms" auf Seite CXIII.*

1 Urheber des Beitrags
2 Markus Söder
3 Armin Laschet
4 Andere zitierte Politiker
5 Sonstige
6 Verschiedene Urheber vorhanden
99 nicht zuzuordnen

---

**Bedeutendste Aussagen oder Begriffe zur Kanzlerfähigkeit von Armin Laschet (nennungen_kanzler_al)**
*Der jeweilige Satz oder die jeweiligen Sätze werden kopiert und eingefügt.*

---

Filter

---

**Werden Armin Laschet und Markus Söder im Hinblick auf ihre Kanzlerfähigkeit explizit miteinander verglichen? (vergleich_kanzler_vorhanden)**

*Ein expliziter Vergleich der beiden kann zum Beispiel durch eine Gegenüberstellung von Umfrageergebnissen zur Beliebtheit der Politiker geschehen.*

0   Nein, es findet kein expliziter Vergleich statt
→ *ENDE der Codierung*

1   Ja, es findet mindestens ein expliziter Vergleich statt
→ *Weiter bis zum Ende*

---

**Anzahl der expliziten Vergleiche zwischen Markus Söder und Armin Laschet im Hinblick auf ihre Kanzlerfähigkeit (anzahl_vergleich_kanzler)**

*Hier wird die Anzahl der Vergleiche codiert. Mit einem Vergleich ist eine in sich geschlossene Aussage gemeint. Falls in einem Satz mehrere Vergleiche in Bezug auf die Kanzlerfähigkeit von jeweils einem der beiden Politiker fallen, wird dies als ein Vergleich gezählt.*

---

**Urheber der Aussage über den/die expliziten Vergleich(e) (urheber_vergleich_kanzler)**

*Hier wird codiert, wer den/die zuvor festgestellten expliziten Vergleich(e) im Hinblick auf die Kanzlerfähigkeit von Markus Söder und Armin Laschet trifft. Zur genaueren Beschreibung der einzelnen Ausprägungen vgl. die Beschreibung der Kategorie „neg_urheber_themenkompetenz_ms" auf Seite CXIII.*

1 Urheber des Beitrags
2 Markus Söder
3 Armin Laschet
4 Andere zitierte Politiker
5 Sonstige
6 Verschiedene Urheber vorhanden
99 nicht zuzuordnen

---

**Wer wird als derjenige mit der größeren Kanzlerfähigkeit dargestellt und bewertet?** (bewertung_vergleich_kanzler)

0 **keiner von beiden**

*Dieser Code wird vergeben, wenn weder Markus Söder noch Armin Laschet als derjenige mit der größeren Kanzlerfähigkeit bewertet wird.*

1 **Vorwiegend Markus Söder**

*Dieser Code wird vergeben, wenn ausschließlich Markus Söder als derjenige mit der größeren Kanzlerfähigkeit bewertet wird. Er wird außerdem vergeben, wenn bei mehr als einem Vergleich in einem Beitrag überwiegend Markus Söder als der Kanzlerfähigere dargestellt wird. Gibt es zum Beispiel drei Vergleiche, bei denen zweimal Markus Söder als der Kanzlerfähigere dargestellt wird, wird dieser Code vergeben.*

2 **Vorwiegend Armin Laschet**

*Dieser Code wird vergeben, wenn ausschließlich Armin Laschet als derjenige mit der größeren Kanzlerfähigkeit bewertet wird. Außerdem wird er vergeben, wenn bei mehr als* einem Vergleich in einem Beitrag überwiegend Armin Laschet als der Kanzlerfähigere dargestellt wird. Gibt es zum Beispiel drei Vergleiche, bei denen zweimal Armin Laschet als der Kanzlerfähigere dargestellt wird, wird dieser Code vergeben.

**3 beide zu gleichen Teilen**

*Dieser Code wird vergeben, wenn beide zu gleichen Teilen als kanzlerfähig oder nicht kanzlerfähig bewertet werden*

---

**Bedeutendste Aussagen oder Begriffe zu expliziten Vergleichen von Markus Söder und Armin Laschet in Bezug auf ihre Kanzlerfähigkeit (nennungen_vergleich_kanzler)**

*Der jeweilige Satz oder die jeweiligen Sätze werden kopiert und eingefügt.*

---

# ENDE

# Literaturverzeichnis

Aaldering, L., van der Meer, T., & Van der Brug, W. (2018). Mediated Leader Effects: The Impact of Newspapers' Portrayal of Party Leadership on Electoral Support. *The International Journal of Press/Politics, 23*(1), 70-94.

Aaldering, L., & Vliegenthart, R. (2016). Political leaders and the media. Can we measure political leadership images in newspapers using computer-assisted content analysis? *Quality and Quantity, 50,* 1871-1905.

Brettschneider, F. (2002a). *Spitzenkandidaten und Wahlerfolg. Personalisierung - Kompetenz - Parteien; ein internationaler Vergleich.* Wiesbaden: Westdeutscher Verlag.

Brettschneider, F. (1998). Kohl oder Schröder: Determinanten der Kanzlerpräferenz gleich Determinanten der Wahlpräferenz? *Zeitschrift für Parlamentsfragen, 29*(3), 401-421.

Kindelmann, K. (1994). *Kanzlerkandidaten in den Medien. Eine Analyse des Wahljahres 1990.* Opladen: Westdeutscher Verlag.

Leidecker, M., & Wilke, J. (2016). Do candidates matter? Oder: This time it's different. Die deutsche Presseberichterstattung über die Europawahl 2014 im Langzeitvergleich. In C. Holtz-Bacha (Hrsg.), *Europawahlkampf 2014. Internationale Studien zur Rolle der Medien* (S. 205-232). Wiesbaden: Springer VS.

Vetter, A., & Brettschneider, F. (1998). "Idealmaße" für Kanzlerkandidaten. *ZUMA-Nachrichten, 43,* 90-115.

# Anhang 2: SPSS Datensatz [digital]

# Anhang 3: Excel-Codebogen Hauptstudie [digital]

# Anhang 4: Excel-Codebogen Pretest [digital]

Die Anhänge 2-4 stehen hier zum Download bereit:
https://ibidem-verlag.de/downloads/1658_anhaenge.zip

# Anhang 5: PDF-Dateien der Zeitungsartikel [digital][3]

---

[3] Aus urheberrechtlichen Gründen steht dieser Anhang nicht zur Verfügung. Interessierte Leser:innen werden gebeten, die Artikel eigenständig zu suchen.

*ibidem*.eu